いろは落語づくし 参

落語からわかる江戸の恋　目次

装幀――花村　広

色男を気取ったはかない夢

《後家殺し》

伊勢屋の後家、芳が殺害された。後家といっても年ごろ三十でこぼこ（前後）の乙な年増だ。下手人はすぐに捕縛された。近所の職人で、妻も子もある常吉だ。

何故、常吉は後家を殺したのか。

話は三年前だ。

常吉には素人義太夫(1)の道楽があった。伊勢屋の主人もまた素人義太夫が道楽。落語で素人義太夫というと《寝床》でもおなじみ、下手糞で迷惑と相場が決まっているのだが、常吉と伊勢屋の主人は別で、玄人はだしのいい喉。

当時は素人の旦那衆が義太夫を語るのが流行していた。伊勢屋でも主人が好きだったから家に舞台なんかこしらえて、主人亡き後も義太夫の演奏会をやっていたんだね。

そこに常吉は呼ばれて。その喉に後家が惚れた。

「私も旦那様が亡くなりまして四年、これは淫らな心ではございません。あなた様の浄瑠璃を伺いまして死んだ旦那様を思い出し、それからというものは忘れようにも忘れることができません。十日にいっぺん一月にいっぺんでも、私のようなものでもお見捨てくださいませぬよう」

後家に言われて常吉はどうしたか。

「こればかりは私の一料簡にもなりませんので、宅へ帰りまして家内と相談の上またご返事を」

そんなことを言うかね。言うんだね。常吉は糞真面目な男だった。

家内はなんて言うんだ。

「決して嬉しいことではないが、そら、男の働きだから、お前さんのいいようにしてください」

あらら。そんなこと、女房が言っていいのかね。

おかげで、常吉一家の生活は一転する。伊勢屋の後家から月々まとまった金が送られて来る。盆と暮れには、女房と子供のしつけのついた着物が送られて来る。

常吉は働かなくても食えるが、それでは世間体が悪いから仕事にはでているが、実際は伊勢屋からもらう小遣いで十分な生活ができる身分になったわけだ。

常吉が芸人なら、いいスポンサーを見付けたってことだ。伊勢屋の後家との関係も金銭だけの割り切った付き合いもできたろう。

常吉は職人だ。こういう男妾みたいな暮らしが嫌ではないのか。むしろ、そういう状況に常吉は浮かれた。はじめは芸人気取りの色男気取りだったろう。

「カカアの目をかすめてちょこちょこする浮気じゃねえ。女で食っている。唐琴屋丹次郎(2)は俺だろう」

なんて友達に自慢するあたりは、伊勢屋の後家に溺れ切ってしまった証拠だ。

根が真面目な男が女に溺れる。これほど始末が悪いことはない。

後家が若い男と逢引している。後家は常吉と縁を切り、若い男と晴れて夫婦になりたがっている。

そんな噂話が耳に入った時、常吉はいてもたってもいられなくなった。

手には出刃包丁。常吉は伊勢屋の裏口に立っていた。

たわいもない痴情のもつれ話だが、この落語には随所に義太夫の実演が入る。《軒(のき)づけ》や《豊竹屋(とよたけや)》と違い、素人ながらうまい義太夫を聞かせられなければならない。六代目三遊亭圓生(さんゆうていえんしょう)[3]の名演が冴えた。

（1）義太夫…浄瑠璃の一種。竹本義太夫が創始。人形浄瑠璃の伴奏曲として人気を集めた。太棹三味線を用い独特の節を聞かせる。江戸後期には素浄瑠璃（人形を用いず語りのみ）や娘義太夫も人気となった。

（2）唐琴屋丹次郎…為永春水の戯作に登場する色男。

（3）六代目三遊亭圓生…明治三十三（一九〇〇）年～昭和五十四（一九七九）年。昭和の名人と言わ

れた落語家。子供の頃より豆義太夫として寄席の高座に出演、やがて落語家に転身。昭和十六（一九四一）年六代目三遊亭圓生を襲名。昭和四十（一九六五）年落語協会会長就任。昭和五十三（一九七八）年大量真打問題を機に落語協会を脱会し三遊協会を設立するも、翌年死去。ネタ数の多さ、緻密な人物描写など卓越した技の魅力は他の追従を許さない名人芸だった。

《後家殺し》

義太夫がうまい職人、常吉に、伊勢屋の後家の芳が惚れた。常吉は女房も公認で後家の情夫となる。そんな生活に有頂天になる常吉。しかし、後家が別の若い男と関係を持ち、常吉と別れたがっているという話を聞き、常吉は包丁を手に伊勢屋へ。六代目三遊亭圓生の名演が冴えた。最近では、林家正雀が演じている。

ろくろ首のお嬢様

《ろくろ首(くび)》《錦(にしき)の袈裟(けさ)》

落語にでてくる登場人物で大立者(おおだてもの)といえば、与太郎だ。

町内に一人はいるボーッとした奴。昔はそんな奴が必ずいた。

ボーッとしているから仕事なんかもできない。親切な人がいて、道具屋(1)、かぼちゃ屋、厄払い(2)、飴屋なんかを世話するが全部失敗してしまう。

この与太郎が恋をする。

恋をするというか、適齢期の悩みを迎える。

「あたいもお嫁さんが欲しい」

言われた叔父さんが驚いた。

「お嫁さんが欲しい」と言われたって、仕事はできない。どうやって女房、子供を食わせるんだ。

「箸と茶碗で食わせる」

「箸と茶碗だけで飯なんか食わせられないぞ」

「ライスカレーは匙（しゃじ）で食う」

これは《かぼちゃ屋（や）》という落語にでてくるフレーズ。

理屈はそうでも、仕事も収入もなくて、ただボーッとしている奴のところに来る嫁なんていない。いや、待て。ここで叔父さんはハタと思い出す。

婿養子を探しているお屋敷のお嬢様がいた。お屋敷の婿養子[3]、今で言う逆玉だ。嫁のほうに財産がある。別に仕事や収入がなくても大丈夫だ。

ただし、このお嬢様にはある秘密があった。

「首がのびるんだなぁ。夜中になると」

「お、叔父さん、そ、それは、ろ、ろくろ首だ(4)」

「大丈夫だよ。夜中しかのびないって話だ」

「なら大丈夫だ。あたいは一度寝たら朝まで起きないから」


ってなわけで、お見合いも成功し、与太郎はお屋敷の婿になったが……。

そう言えば、ろくろ首というのも最近は見かけない。

見世物小屋(5)にはあったそうだが、暗幕を使った、いわば手品（イリュージョン）の一種。俗に因果ものといって、香具師(やし)(6)が、

「親の因果(7)が子に報い」


と口上を語るから、ろくろ首にまつわる物語にリアリティが増す。

このお嬢様も、働かずに生活できる財産があるというのは、何か先祖がよからぬことをして、財産と一緒にろくろ首という因果を背負ってしまったのかもしれない。

お嬢様を救えるのは婿、つまり与太郎の愛のはずだった。財産とのびる首をすべて含めて受け入れられる心の大きさが与太郎にあれば。

しかし、夜中にたまたま目を覚ました与太郎の前で首がのびた。与太郎は悲鳴を上げて叔父さんの家へ逃げ帰ってしまう。

《錦の袈裟》という落語には妻帯した与太郎が登場するが、女房はろくろ首のお嬢様ではないようだ。

（1）道具屋…道具を売買する商売。高価な骨董を扱う店もあるが、たいていは古道具屋をいう。江戸庶民は家具などは中古品を用いることが多く古道具屋は重宝された。
（2）厄払い…大晦日あるいは節分に街をまわり、厄（災い）を払う詞章を唱え金銭を得る商売。
（3）婿養子…結婚と同時に婿が養子縁組をすること。
（4）ろくろ首…首が長く自在に伸縮する妖怪。
（5）見世物小屋…縁日などで、珍しいものや動物、曲芸や奇術などを見せる仮設劇場。
（6）香具師…縁日、祭礼などで見世物興行をしたり、安価な菓子や玩具などを販売することを業とする者。
（7）親の因果…親のやった悪業。

《ろくろ首》

与太郎が「嫁が欲しい」と言い出す。叔父さんはあるお嬢様のところへの婿養子の口を世話するが、お嬢様は、なんの因果か夜中になると首が伸びるというろくろ首だった。与太郎噺。五代目柳家小さんが演じていた。

《錦の袈裟》

町内の連中が錦の褌の揃いで吉原へ行こうと話がまとまる。しかし、錦が一反足りずに与太郎がのけものになる。与太郎の女房は亭主を吉原には行かせたくないが、仲間はずれにされたことに腹が立ち、お寺に行って袈裟を借り、それを錦の褌にしようと考える。袈裟を褌にしちまおうという仏も恐れぬ発想が素晴らしい。爆笑の一席。

羽団扇
《羽団扇(はうちわ)》

《羽団扇》という落語がある。すべては夢の話なのだが、男が天狗(1)から羽団扇をだまし取り、フワフワと空へ舞い上がる。

羽団扇とは、天狗や仙人(2)が手にする団扇で、これを使えば空も飛べるし、はるか遠くや人の心の中も見える。とにかく万能の力を持つ団扇である。

やがて、空の旅に飽きた男は、大海原に浮かぶ一隻の船に不時着するが、その船はなんと七福神を乗せた宝船。

七福神とは、恵比寿、大黒天、毘沙門天、弁財天、福禄寿、寿老人、布袋。うち、大黒、毘沙門、弁財はヒンドゥー教（インド）、福禄寿、寿老人は道教（中国）、布袋は中国仏教で、恵比寿は日本の神と、アジアの諸宗教の混成グループ。

国籍も宗教も違う男六人、女一人を乗せた宝船って、なんとも不思議な存在だ。

しかも紅一点の弁財天はすこぶる美人ときている。

江の島[3]の弁財天なんて全裸ですぜ。琵琶[4]で隠してる。ほら、琵琶って胴がでかいから、うまく隠れるんだ。

さて、美女一人と男六人、なんか起こりそうだけど、そこは神々のことゆえ、何事もつつがなく。ええ。女のことで喧嘩になるくらいならいいけど、この人たちはうっかりすると宗教戦争になりかねないから。

で、話が終わっちゃつまらないので、羽団扇のでてくる別のお話。

《風流志道軒》は風来山人という人の書いた戯作。風来山人っていうのは、江戸時代のマルチ人間、平賀源内[5]の戯作を書く時のペンネームだ。

主人公の浅之進は仙人よりもらった羽団扇で、理想の色事を求めて旅するという、なんともお馬鹿なストーリー。

浅之進が最後に訪れたのは女護ヶ島。

女護ヶ島とは住民が全員女性という。ハーレム願望の男性にとっては夢のような島だ。

中国で女性の部屋をのぞいたのがバレて羽団扇を焼かれてしまった浅之進は、船で日本へ帰る途中で暴風雨に遭い、百人あまりの男たちとともに流れ着いた所が女護ヶ島。早速、島の女たちで男争奪戦が行われた。暴動が起きそうな有様に浅之進は、

「唐にても日本にても女郎屋というものあり。この上は私ども百人の男を女郎のごとく店へ出し、情けの道を商うべし」

と提案。かくて浅之進はじめ百人の男たちは、「男郎（だんろう）」、あるいは「遊男（ゆうなん）」と呼ばれる身となり、江戸の吉原を真似た廓において、女性たちにサービスをするようになる。まあ、はじめは毎日面白い思いをしていたが、

「秋風の身にしみて、雨の降る夜も雪の夜も、ほんにつとめはままならず」

世の中はそうそううまいことはないということだ。ハーレムと思いきや、まったく逆で女たちの性奴となり、昼に夜にで精魂尽き果て。ついには、

「無常の恋風に誘われ、百余人の遊男ども西方浄土へくらがえす(6)」

皆、死んじゃった。

浅之進一人は仙人よりくだされた不思議な張り形(はりがた)(7)のおかげで命を助けられたというお話。

日本は四方を海に囲まれている。

西には高麗、唐、天竺があるが、東は延々と太平洋の海原が続く。

だから、その先に何があるか、想像をくゆらせた。多種多彩な神々を乗せた宝船が航行してたり、女だけの島、女護ヶ島があったり、空飛ぶ島ラピュタがあったり……、これはジョナサン・スウィフト『ガリバー旅行記』だけど、ラピュタも日本の東、バルニバービ大陸を飛んでいる。とにかく、大海原は不思議がイッパイなのだ。

（1）天狗…深山に棲息する伝説の怪物。人の形をし、顔は赤く、鼻高く、翼がある。羽団扇を手に神通力を使う。

（2）仙人…道教において、人間界を離れ深山に住み、不老不死の法はじめさまざまな法術を得た者をいう。

（3）江の島…神奈川県にある観光地。周囲四キロ標高六十メートルの島。島に弁財天が祀られているところから、江戸時代から観光に訪れる者も多かった。弁財天が琵琶を奏でるところから、江の島の弁財天を詣でる琵琶奏者も多くいる。現在は山頂までエスカレーターで登ることができる。

（4）琵琶…楽器。西アジアが起源で中国を経て七〜八世紀に日本に伝えられた。雅楽の楽琵琶の他、薩摩琵琶、筑前琵琶などがあり、明治以降も人気があった。武満徹作曲『ノベンバーステップス』は鶴田錦史が琵琶を奏で、世界に日本の琵琶音楽を示した。

（5）平賀源内…享和十三（一七二八）年〜安永八（一七八〇）年。江戸中期の科学者、本草学者、戯作者。讃岐の高松の生まれ。長崎に遊学ののち江戸へ出て、物産展を開催したり、エレキテル（静電気発生装置）のレプリカを作り医療を行ったり、寒暖計を発明したり、各地の鉱山開発事業にたずさわったり、戯作を書いたりなど、マルチ人間として活躍した。戯作の代表作に、『放屁論』『風流志道軒』、浄瑠璃に『心霊矢口渡』などがある。源内は、海外旅行、錬金術、惚れ薬の発明をしたかったそうだが、そのいずれも成らず、自ら筆をとった戯作の中で目的の達成を試みた。

（6）くらがえ…芸妓、娼妓が店を替えること。

（7）張り形…陰茎を形どった性具。模造陰茎。

《羽団扇》

男が夢を見ているようだ。楽しそう。女房が起こして「どんな夢を見たの？」と聞くと、男は「夢なんか見ていない」という。夫婦喧嘩の途中、天狗が訪ねて来るが、男は天狗を騙して羽団扇を奪い空高く飛んで逃げる。下は大海原、七福神を乗せた宝船が浮かんでいた。《天狗裁き》と同工だが、夢多き噺だ。あっ、夢の噺だっけ。

二八あまりのしずの女
《道灌》

江戸城を作ったとして知られる歴史上の人物、太田持資(1)のちに入道して道灌。

室町時代の武将で、関東管領上杉定正の執事。当時、関東では、鎌倉に上杉定正が、下総の古河に古河公方を名乗る足利成氏がいて覇権を争っていた。関東の武将は、鎌倉か古河かのいずれかについて争い、その重要拠点として持資は江戸に砦を築いた。それが江戸城である。


で、持資がある日、狩にでかけた。そこへ突然の村雨(2)だ。雨具の持ち合わせのなかった持資は一軒のあばら家に立ち寄る。

「雨具を所望」と言うと、二八あまりのしずの女がでてきて、「お恥ずかしゅうございます」と盆の上に山吹の枝を差しだした。

二八あまりのしずの女というのは、二×八で十六歳くらいの身分の低い女の意味だ。

「気の利かない女だねえ。殿様、雨具を貸してくれって言ってるのに山吹の枝って。山吹じゃ雨なんてよけられない。あっしなら蓮の葉っぱかなんか貸してやるのに」

八五郎がそう言うのも無理はない。持資にも女のだした謎の意味がわからなかった。

すると家臣が、

「兼明（かねあきら）親王[3]に《七重八重花は咲けども山吹の実の一つだになきぞ悲しき》という和歌がございます。山吹は実の成らぬ花。この家には蓑（みの）[4]一つない、実と蓑を掛けた、雨具の断わりの謎でございましょう」

と言う。

これを聞いた持資は、

「ああ、余はまだ歌道に暗い」

とご帰城になり、以後、歌道の勉学に励んだという。

なんだ、実と蓑を掛けた、洒落か。

いや、洒落を馬鹿にするなかれ。日本最古の洒落(5)は『日本書紀』にでてくるくらい、日本文学にとって洒落は重要なものである。

そういう洒落がすらすらでてくる。ましてや、兼明親王の和歌を知っているという知識を踏まえたうえでの洒落だ。つまり、この二八あまりのしずの女は、身なりはしずの女だが、たいした教養の持ち主ということだ。

男性の教養はまず漢文。これは当時の公文書が漢文で書かれたものであったから。一方、女性は公文書を読む必要がないから漢文は学ばない。女性の教養といえば、『源氏物語』や『枕草子』を楽しむ和文の知識があればよかった。それを基本とし、古今の和歌や随筆、小説などを読み、心豊かに生きる教養を高めることが女性のなすべきことであった。

そうした教養を身につけている、草深き田舎に住むしずの女はいったい何者だったのか。

山吹の里がどこであるかというのには諸説ある。新宿の山吹町、豊島区の面影橋、横浜などに碑や持資としずの女の像が建てられているが、有力説は埼玉県の越生(おごせ)(6)である。現在は歴史公園として整備され、三千本の山吹の花が植えられている。

江戸から越生では、ちょっと狩に行くには遠いと思うが、持資は江戸の他に川越にも城を築いている。越生あたりの武士を味方につけることで、古河公方に対して軍事的に優位に立つことができるという戦略的な意味もあり、狩と称して越生を訪れたのかもしれない。してみると、しずの女はただのしずの女ではなく、越生あたりの名のある武士の娘だったのかもしれない。

(1)太田持資(道灌)…永享四(一四三二)年~文明十八(一四八六)年。室町時代の武将。上杉氏の執事を務め江戸城を築いた。和歌の道にも長じた。上杉定正に疑念を持たれ暗殺された。
(2)村雨…にわか雨のこと。
(3)兼明親王…延喜十四(九一四)年~永延元(九八七)年。醍醐天皇の皇子。一時、皇族を離れ、源兼明を名乗り左大臣となる。博学多才で和歌の道にも通じた。
(4)蓑…茅などを編んで作った雨具。
(5)日本最古の洒落…『日本書紀』に出て来る。日本武尊が関東の戦いで死んだ后の弟橘媛(おとたちばなひめ）をしのび「吾が妻や」と三度嘆いたところから、関東を「アズマ」と呼ぶようになった。

（6）越生…埼玉県にある町。越生梅林、黒山三滝などの観光地もある。

《道灌》

八五郎が隠居の家に遊びに行く。張りまぜの屏風には、三方が原の合戦、小野小町と深草少将、児島高徳、太田道灌と山吹の少女などが描かれている。絵に興味をもった八五郎は、絵の意味を隠居に聞く。前座噺としてもよく演じられている。

本郷二丁目八百屋久兵衛娘七

《お七(しち)》《くしゃみ講釈(こうしゃく)》

江戸は天和(てんな)(一六八一〜八四)の頃、大火事が起き、本郷二丁目に住む八百屋久兵衛(井原西鶴(いはらさいかく)(1)『好色五人女(こうしょくごにんおんな)』では八兵衛、史実では太郎兵衛というらしい)一家は檀那寺の駒込・吉祥院(きちじょういん)に避難した。そこで久兵衛の娘、お七は、寺小姓(2)の吉三郎に想いを寄せる。想いを寄せたって、商家の娘と寺小姓の恋が成就するわけがない。ところが、吉三郎のほうもお七を憎くなく思っていたようで、雷雨の夜、二人は結ばれる。

しかし、久兵衛一家は家を新築し、もとの本郷へ戻る。吉三郎と逢うことができなくなったお七は、

「もう一度火事が起きて、家が焼けたら、また吉三郎さんに逢えるはず」

そして、お七は家に火をつけるが、これはボヤで終わる。

だが、火付けは重罪。訴人(3)されてお七は捕らわれ、鈴ヶ森(4)で火あぶりの刑(5)になる。

事件の三年後、『好色五人女』の一人として、お七を取り上げた。以後、浄瑠璃や歌舞伎などで多く演じられている。歌舞伎や舞踊では、お七が火をつけた後、櫓に登って太鼓を打つところが名場面となっている。

『好色五人女』では、お七はかなり積極的な女である。何せ雷雨の夜に吉三郎の部屋に忍んで行き、一緒に寝ている小僧にカルタと菓子を与える約束をして部屋から追い出し、そして吉三郎と結ばれるのである。

純情可憐な乙女ではない。恋に関してはややも強引な女、まさに好色である。

一方の吉三郎は衆道（しゅうどう）、すなわちホモセクシャルでもある。吉三郎を衆道の道に導いた兄貴と呼ばれる人物も登場するし、また寺の小僧とも一つ布団で足を絡ませて寝ていたという場面もでてくるから、その道では発展家ということか。しかし、お七との恋もまた真剣なもので、お七の死を知り、自らも命を絶とうとするのを兄貴に諭され思い留まり、出家してのちに名僧となったという。

衆道に関しては別の項で述べるが、当時の僧侶や武士の間では普通の行為であり、むしろ奨励すらされていた。衆道の道に長けた吉三郎が、女のお七に心動かされたのは、それだけお七の愛が情熱的なものだったということか。

落語にも《お七》という噺があるが、くだらないんだ。

落語ではお七の処刑を知った吉三郎は池に身を投げて死ぬ。で、地獄で再会するんだが、

「二人が抱き合うと、ジューっていう音がする。お七は火で死んで、吉三郎は水で死んだから、火と水が合わさってジュー」

「いや、そうじゃない。お七と吉三郎、七と三で足すと十だ」

馬鹿馬鹿しいねえ。だから、落語か。

で、お七の幽霊がでる。侍がこれを退治しようと、お七の足を一刀で切り落とす。おいおい、幽霊に足があるのかよ。そしたら、お七の幽霊は片足でピョンピョン跳ねて逃げた。

「おいおい、お七の幽霊、どこへ行くんだ」
「片足本郷へ行くわいな」

「カタシャ（私は）本郷へ行くわいな」は大正から昭和にかけて流行したのぞきからくりの名科白。この洒落、今の人は意味わかんない。のぞきからくりっていうのは、なんて説明したらいいんだろう。レンズをのぞいて、中で大仕掛けの紙芝居が展開するというような大道芸の一つ。説明者が独特の節をつけて、「八百屋お七」や「幽霊（ゆうれい）の継子（まま こ）いじめ」なんていう物語を聞かせた。

落語の《くしゃみ講釈》では主人公が「胡椒」を買いに行く時に忘れないよう、小姓（胡椒）の吉三郎をキーワードにのぞきからくりの口上を一節語るという件（くだり）がある。

（1）井原西鶴…寛永十九（一六四二）年〜元禄六（一六九三）年。俳人・浮世草子作家。『好色一代男』『好色五人女』『日本永代蔵』など元禄期の町人を描いた小説を多く著わした。
（2）寺小姓…寺に仕えた少年。
（3）訴人…告発する人。
（4）鈴ヶ森…江戸の死刑場の一つ。現在の品川区にある。

（5）火あぶりの刑…受刑者を柱に縛りつけ焼き殺す処刑。江戸時代は放火犯に科せられた。

《お七》

八百屋お七の幽霊騒動をモチーフに笑いをちりばめた地噺。十代目桂文治がやっていたが、最近では聞くことのないネタ。

《くしゃみ講釈》

講釈師に恨みを持つ男、客席の一番前で火鉢に胡椒の粉をくべて講釈師を燻して、くしゃみが止まらなくなりメチャクチャにしてやろうと考える。のぞきからくりの口上や講談の修羅場など、聞かせどころが豊富な一席。関西では、主人公の男は女の子と逢引中、講釈師に犬の糞を顔になすりつけられ女の子にふられたことを恨んでいる。東京でも柳家権太楼は関西バージョンで演じている。

平安貴族のワガママな恋

《道灌(どうかん)》

昔から容姿の端麗な女性を「小町のようだ」という。

地名を当てて、○○小町と言えば、そこの地域の美女をいう。

語源は勿論、平安時代の美女、小野小町(1)だ。

六歌仙(2)の一人と言われる名高い歌人で、仁明(にんみょう)天皇(3)、文徳(もんとく)天皇(4)に仕えた。一説に小野篁(おののたかむら)(5)の孫とも言われている。

美人の代名詞となるのだから、さぞや男が放っておかなかったことだろう。《道灌》という落語の前半（《小町(こまち)》というネタとして独立してやる人もいる）でエピソードが紹介されている。

小町に惚れた男は深草少将(ふかくさのしょうしょう)。

小町は少将に、「私のもとへ百夜お通いください」という。で、九十九日目が大雪の夜で、少将は雪の中で凍えて死んでしまった。これが小町の「百夜伝説」。

男は自分がこれぞと思う女のもとへ通った。「通い婚」というやつ。『源氏物語』もそうだが、平安の貴族の恋は男が女のもとへ通えばいい。で、貴族なら何人も女がいて、気が向いた時に好きな女のところへ行けばよかった。子供ができたら、女の家で育ててくれる。平安時代は母系が政権を握った。藤原氏の姫のもとへ皇子が通って来る。産まれた皇子の皇子を育てるのは藤原家であるからだ。

で、深草少将。少将も小町のもとに通ったのだが、小町はOKしてくれない。いつも門の前で「さよなら」。中に入れてもらえない。

平安時代だから、門の前で和歌でも詠んだのか。小町がでてくるのをじっと待っていたのか。そして、明け方近くに小町がでてきて、「あと○日です、頑張ってね」かなんか言われて、すごすご帰って行ったに違いない。完全に弄ばれている。

最後の夜、少将は雪の中を待っていた。雪が降ってて寒いから、小町はでて行きたくなかった。少将は待っていた。そして、とうとう凍えて死んでしまったのだ。

落語では、八五郎が、

「少々（少将）不覚をとった」

と洒落る。

これを愚かと笑えるだろうか。

その気がないのにその気があるように見せる女は現代にもいる。質屋に同じ高級ブランドバッグを三つも四つも売りに来る女がいるそうな。その気があるように見せて得た戦利品を金に換えるというわけだ。

「うちの親父なんか一晩に二十回も通ってますよ」

「お前の親父が、女のところへか」

「いいえ。厠へ。あーっ、それで言うのか。恋（肥え）に上下の隔てはない」

確かに、恋に上下の隔てはないから、身分ある深草少将が女の家の門前で、雪の降る中、ぼんやり佇んでいたのだろう。やっぱり間抜けだ。

一方の小町。

「花の色は　うつりにけりな　いたずらに　わが身よにふる　ながめせしまに」

『百人一首』に詠まれた小町の和歌。己の傲慢さを悔やみ嘆く。一応反省してるんだね。小町は陸奥で髑髏となって屍を晒す。陸奥へ行った在原業平(ありわらのなりひら)(6)が回向をして成仏したという話が『伊勢物語(いせものがたり)』(7)にあるが、百夜通ってふられたのは深草少将でなく業平だったという説もある。

(1) 小野小町…平安時代の歌人。六歌仙の一人で絶世の美女といわれた。

(2) 六歌仙…平安時代の六人の代表的な歌人。僧正遍照、在原業平、小野小町、大伴黒主、喜撰法師、文屋康秀をいう。

(3) 仁明天皇…弘仁元（八一〇）年～嘉祥三（八五〇）年。第五十四代天皇。

(4) 文徳天皇…天長四（八二七）年～天安二（八五八）年。第五十五代天皇。

(5) 小野篁…延暦二十一（八〇二）年～仁寿二（八五三）年。平安時代の官僚。歌人としても有名。小野妹子の子孫に当たる。井戸を通って地獄との往来ができたなどの伝説もある。

(6) 在原業平…天長二（八二五）年～元慶四（八八〇）年。平城天皇の孫で歌人。六歌仙の一人で、『伊勢物語』の主人公。たいそうな美男子で、のちの世では、いい男のことを「業平」といった。

（7）伊勢物語…平安時代の物語。作者は不詳。在原業平を主人公にした男女の物語。

《道灌》

「に」参照

豊志賀の死

《真景累ヶ淵》

根津七軒町に住む富本節(1)の師匠、三十九歳の豊志賀と、二十一歳の新吉がわりない仲になったのは寒い晩のことだった。

新吉は下谷大門町で煙草屋を商売にしている叔父、勘蔵に育てられ、勘蔵の手伝いをしていた。煙草の葉を風呂敷に包み売って歩いていたのだが、暇な時に豊志賀の家に来ては、水汲みなどの力仕事を手伝っていた。そのうちに、二階があいているからと、下男代わりの居候として豊志賀の家に住むようになった。そして、十一月二十日の霙降る寒い晩。

「お前、寒くていけないから。私の掻巻の中へ一緒に這入って、その上にお前の布団をかけると温かいだろう」

布団の重ねがけなんかよりも、二人で寝たほうが温かいということだ。

そして、翌朝。二人の関係ががらりと変わる。

昨日までは新吉が早く起きておまんまの支度をしていたのが、今日からは豊志賀が飯を炊き、新吉は布団の中で煙草をつけて、起きてからは豊志賀の布子⑵を着て長火鉢の前に大あぐら。

女師匠の稽古所なんていうところは、弟子の男連中はあわよくば師匠と、なんていう思いで通って来る片想いの固まりみたいな奴が多い。下男代わりの新吉が亭主面していたら、面白くないので稽古に来なくなる。

また、子供衆を習わせている親たちも、親子ほど年齢の違う男を情夫にしている師匠では教育上よろしくないと、子供を通わせなくなる。

弟子が減れば月謝が減るわけで、たちまち豊志賀は経済的に苦しくなる。

それでも、豊志賀にとって新吉は、息子のような、亭主のような、弟のような、情夫のような、とにかく可愛いくてしょうがない。堅い師匠で通ってきただけに、男にのめり込む。しかも十八歳年下の男だから始末に悪い。

可愛い可愛いだけのうちはいい。今度は年上っていうのが劣等感になってくる。ひょっとしたら、新吉は自分よりも若い女のほうがいいんじゃないか。そうに違いない。

数少なくなった弟子の中で、通って来る十八歳のお久という女がいる。皆が来なくなったのにお久が来るのは、もしや新吉が目当てじゃないか。豊志賀の心の中に嫉妬心が芽生える。嫉妬心というよりも、不安感だ。新吉がお久に心変わりして自分は捨てられるかもしれない。

嫉妬と不安、気病みというやつ。豊志賀は具合が悪くなり寝込むようになり、そして、眼の下にポツリとおかしな腫物ができて、その腫物がだんだん腫れ上がって来ると紫色に少し赤味がかって、ただれて膿がジクジクでます。眼は一方が腫れ塞がって、さてその顔で、

「新さん、私は死にたいよ。私はただの病人じゃない。こんな顔なんだからねえ」

若い新吉には耐えられない。病人の世話だけでもタイヘン。それに加え、嫉妬に狂っ

た豊志賀、しかも尋常の面相でない女が、己の病と面相を愚痴り、八つ当たりをする。逃げだしたいと思う新吉を不実と言えるのだろうか。彼は二十一歳の若者なのだ。三遊亭圓朝(さんゆうていえんちょう)(3)・作の怪談噺《真景累ヶ淵》の出色の場面。

この二人、実は新吉の父、深見新左衛門が豊志賀の父、宗悦を殺したという因縁があるのだが、そんなことはどうでもいい。ふとした寒い夜の過ちから深い仲になった、十八歳の年齢差がある男女の物語だから面白いのである。

豊志賀は自らの喉を突き死ぬが、

「この後新吉が女房を持てば七人まではきっと取り殺すからそう思へ」

との遺書。

恐ろしいというよりは、何もかも捨ててまで年下男にのめり込み、こうでも書かなければ死んでも死にきれなかったであろう女が哀れである。

(1) 富本節…浄瑠璃の一流派。常磐津より分派。清元は富本から生まれている。常磐津より重厚な節が特長。清元の台頭でその人気は短期であったが、最盛期では大奥の女中の採用試験の科目になるほど格調高いものだったという。

（2）布子…木綿の綿入れ。

（3）三遊亭圓朝…天保十（一八三九）年～明治三十三（一九〇〇）年。幕末から明治に活躍した落語家。《怪談牡丹燈籠》《塩原多助一代記》など怪談噺、人情噺を多く創作。落語中興の祖といわれる一方、口語体で書かれた速記本が文学における言文一致に大きな影響を与えた。谷中・全生庵に墓所がある。

《真景累ヶ淵》

旗本深見新左衛門は酔って金貸しの宗悦を殺し、そのため祟られて、新左衛門は切腹、家は断絶。新左衛門には二人の息子、宗悦には二人の娘がいた。新左衛門の息子、新吉と宗悦の娘、豊志賀、二人の恋と嫉妬の話は出色。死んだ豊志賀は新吉に惚れたがあまり、新吉の女房を七人までとり殺すと遺言する。三遊亭圓朝・作の怪談噺。タイトルの真景は、この時代、幽霊を見るのは「神経の病」と言われていたので、神経と真景の洒落でつけられた。

お江戸こぼればなし　壱――お江戸の恋の基礎知識

将軍の恋

テレビドラマなどですっかりおなじみになった「大奥」は江戸城本丸にあった。江戸城本丸は現在、皇居東御苑として一般に開放されているが、その一角に大奥跡の碑が建っているから江戸城内での位置を知ることができる。

将軍と医師以外の男性が入ることは許されない、三千人の女中を要した大奥が作られたのは、一六一八年、三代将軍家光の乳母、春日局による。

なんでそんなものを作ったかといえば、ようは徳川家の世継ぎを作るためだ。徳川の血を絶やさぬこと。男子を産ませ次の将軍とする。これが将軍に課せられた使命である。そのための万全の施設として大奥があった。

しかし、残念ながら、家光の子、四代将軍家綱に子がなく、五代将軍には弟、綱吉がなり、綱吉に子がなく六代将軍には甥の家宣がなり、七代将軍は家宣の子の家継がなったが八歳で亡くなる。八歳じゃいくらなんでも後継者なんていない。やむなく紀州から吉宗を八代将軍に迎えることとなる。ぜんぜん機能してない。

ダメじゃん大奥。

お江戸こぼればなし　弐――お江戸の恋の基礎知識

武士の恋

一般の武士の結婚事情はどうか。結婚は家と家との結びつき。ゆえに同等の身分の家で行われた。親戚になるのであるから、同等の家でないと盆暮れの付き合いもままならない。子孫繁栄がまず第一、あとは家と家との結束。これが武士の結婚事情だ。

では、武士の子弟には恋なんていうものはなかったのかというと、そんなことはない。生活環境が異なるから男女の出会いは少なかったろうが、それでも恋心を抱くなんていうことはあったろう。しかし、恋心を抱いた相手と結ばれる可能性は極めて少ない。武士の場合、むしろ秘する恋がステイタスだったのかもしれない。

三遊亭圓朝・作の人情噺《熱海土産温泉利書》では、下級武士の娘、おはまが上級武士の息子弥三郎と恋仲になる。弥三郎が勘当になったという噂を聞き逢いに行ったり、おはまは思い立ったら行動する、激情型で思い込みが激しい女性だ。一時は熱海の湯治場で再会し恋が再燃したりもするが、結局は弥三郎が家督を継いだことで、この恋は成就しない。

身分違いの恋の話には似たような結末がずいぶんあったのかもしれない。

千代田卜斎の娘
《井戸の茶碗》

屑屋⑴の清兵衛が裏長屋の浪人⑵、千代田卜斎から仏像を買う。これを細川家の若い侍、高木作左衛門が買ったところ、仏像の腹の中から五十両の金がでた。千代田の先祖が子孫困窮の時のためと入れておいた五十両を、千代田は知らずに売ったのだ。

「家宝の仏像を売るくらいだから、さぞお困りのことだろう。この五十両をお返ししょう」

と言う高木。一方の千代田は、

「一度手離したもの。中から何がでようと、某（それがし）には関わりない」

と受け取らない。間に入って困る屑屋。というのが、《井戸の茶碗》という一席。登場人物は全員正直者で、誰も大金を欲しがらない。現代の拝金主義時代を皮肉ったような噺でもある。

安い銭で買った仏像から大金がでた。普通なら、儲かったと思うだろう。買った屑屋ははじめての取引相手、その屑屋に売った浪人は赤の他人だ。それでも屑屋を探して浪人に金を返そうという高木の正直さ、金より名誉を重んじる武士道(3)の話である。

高木が正直な人物であることは確かであるが、多分武士ならば、高木と同じ行動を取るのが普通だろう。というのも、武士にとって金はそんなに重要なものではなかった。合戦でもやろうという武士は、武器や兵糧のための金はいくらあっても足りない。しかし、江戸時代の武士は個人的に合戦のできる立場にはない。

高木は細川の臣で、いくらの知行か俸禄を得ていたかは知らないが、決まった収入を得ている。藩士とは決まった収入の範囲で、知行地(4)を運営し、戦闘員である郎党を養い、藩内の交際を行い、生活をするのである。百石なら百石、千石なら千石の生活をするのが武士で、たとえば着る物一つとっても身分に応じて決まっているので、金があっても身分以上の贅沢な着物を着ることは許されなかったし、それを着たいとも思わないのが武士であった。

だから、五十両の臨時収入があっても、別に使い道がない。というのが本当のところだ。刀を買うとか、貯金するとか、使い道がまったくないわけではないが、美食やゴルフに金を使いたいとは思わないのが武士なのだ。

一方の千代田は金に困っていたが、彼とて二両くらいの金なら喉から手がでるほど欲しいだろうが、五十両となると使い道に困るので、いらないというのが本音だ。長屋住まいがいい着物を着るわけにもいかない。生活全般をレベルアップすれば、すぐに金なんかなくなる。だから不用な大金はもらってもしょうがない。加えて、家宝の仏像を生活に困って売ったという不名誉があるから、これは意地でも受け取りたくないという気持ちなのだろう。

結局、大家さんが間に入り、高木と千代田が二十両ずつ、屑屋が十両もらって和解したが、この時、千代田が高木に贈った茶碗が、高麗の井戸の茶碗(5)という名器であることが判明。細川の殿様が三百両でお買い上げ。

またもいらない金が三百両。これにはふたたび困ったが、屑屋の提案で、千代田の娘を高木の嫁とすることで、金は支度金という形で千代田は受け取りを承諾する。

本来は浪人の娘を藩士が嫁にすることはない。武士の縁談はたいてい、同じくらいの身分の者同士で行うものだった。縁談はそれぞれの家が姻戚を結ぶという公式行事。結婚によって親戚として付き合うには、身分に差があると不都合が生じたからだ。

「しかるべき家から嫁をもらう（婿をとる）」とは、何も家柄のいい家から嫁をもらうということではない。自分の家と釣り合いの取れる家から嫁をもらうという意味だ。

多分、高木作左衛門もあまり高い身分ではない、百五十両くらいの支度金で釣り合いの取れる身分だったということだろう。

いや、もしかしたら。高木と千代田の娘は面識こそないが、屑屋の弁でお互いの人柄を聞くうちに惹かれあい恋心を抱いていたのかもしれない。

（1）屑屋…紙屑やボロを売買する仕事。

（2）浪人…主家を離れた武士。

（3）武士道…武士階級の道徳。忠誠、犠牲、信義、廉恥、礼儀、潔白、質素、倹約、尚武、名誉、情愛などを重んじる。

（4）知行地…大名が将軍から、武士が大名から与えられた土地。その土地で生産される米に課税したものが大名や武士の収入となった。
（5）高麗の井戸の茶碗…古朝鮮の飯茶碗であるが、その形状が面白いところから、茶人が命名、高価な逸品となった。

《井戸の茶碗》

屑屋の清兵衛が裏長屋の浪人、千代田卜斎から仏像を買い、それを細川家の若侍、高木作左衛門に売ったことから起こる珍騒動。清廉な武士たちの清々しい一席。最後は千代田の娘と高木が結ばれるハッピーエンドとなる。もとは講談ネタ。ホール落語などでよく演じられている。

利兵衛は男でござる

《天河屋儀平(あまかわやぎへいい)》

衆道とはホモセクシャル、男性同士で愛し合うことである。男色とも言う。

今では、マイノリティーな性愛の一種と認知されつつあるが、江戸時代は、武士や僧侶の間ではむしろ当たり前の行為であった。当たり前どころか、奨励すらされていた。衆道というからは「道」なのである。剣道や柔道、書道と同じである。

昔は、剣術、柔術といい、武術は武士のスキルの一つ、「術」であった。それが精神的な「道」が説かれて、スキルを超えた武士の規範となった。武道、すなわち剣道や柔道になったのだ。

たとえば、忍術は忍道にはならない。忍者の使命は情報収集や破壊工作。そのためのスキルが忍術であって、そこには武士のような「道」は説かれない。

忍者に武士道は不用だからだ。

衆道は道を説く。まさに武士の道の一つである。

戦場では罪もない非戦闘員の女性が強姦されることがある。征服者、侵略者として、非戦闘員たちに力を誇示するために兵士に略奪や強姦を奨励する軍隊も世界史の中には存在した。しかし、正義を重んずる武士にとってはあってはならぬことである。それでも男である以上、何日もの間、戦場での禁欲生活に耐えることは難しい。そこで男同士で慰めあうことが奨励された。また、戦友という、生死をともにする同士が友情を越えた何かで結ばれることでより強い絆を得たのであろう。

それよりも結婚が家と家との結びつきという「公」のことであり、また子孫繁栄という重要な使命を帯びていることから、結婚に女性との恋愛という「私」な感情を入り込ませることが難しい時代だったのである。

恋愛感情を抱く異性と結ばれることなく、家同士で決めた相手と結婚しなければならないのが掟なら、はじめから恋なんかしないほうがいい。「滅私奉公」とはそういうことであり、結婚や恋愛においても、いっさいの私的感情を禁じたのである。

とはいえ、人を愛する、愛しく思うという感情をすべて殺せるというモノではない。

異性でなく同性であれば婚姻という形態はとらなくとも、むしろ婚姻以上の固い絆で結ばれるのである。

男心に男が惚れて……という奴だ。

いや、そんなことが実際にあったということが、実は落語で検証できる。勿論、今日、演じられている落語ではない。江戸初期の艶笑小噺(えんしょうこばなし)には男女の仲を扱ったものよりも、衆道を扱ったものが圧倒的に多い。

今も演じられている落語では、《天河屋儀平》という一席がある。演じられているといっても艶笑噺(1)だから表だっては演じられていない。「忠臣蔵」でおなじみの大石内蔵助(おおいしくらのすけ)(2)は好色で、ある夜、女中の部屋だと思って忍んでいったところに寝ていたのが天野屋利兵衛(あまのやりへえ)。

利兵衛はあわてて尻をおさえて、

「天野屋利兵衛は男でござる」

「天野屋利兵衛は男でござる」は講談(3)や浪曲(4)でおなじみの科白。赤穂浪士のために武器を調達した堺の商人、天野屋が奉行所で拷問されても武器の依頼主の名を言わなかった。

町人でも「義」を重んじる、天野屋は男である、という名科白だ。もともとは浄瑠璃『仮名手本忠臣蔵』(5)の十段目ででてくる科白で「天河屋儀平は男でござる」である。

さて、大石は女中と間違えたのか。むしろ、赤穂浪士のために命を投げ出してくれる、男である天野屋と衆道の契りを結びたかったのではあるまいか。

天野屋利兵衛は「義」を重んじる男であったが、そこは町人ゆえ衆道にまでは通じていなかった、ということなのだろう。

(1) 艶笑噺…男女の色っぽい内容を題材にした落語。

(2) 大石内蔵助…万治二(一六五九)~元禄十六(一七〇三)年。播州赤穂藩の家老。元禄十五(一七〇二)年、旧赤穂藩士をまとめて、主君浅野内匠頭の仇、吉良義央を襲撃し殺害した。事件を「忠臣蔵」というのは、「忠臣の内蔵助」からつけられた。

(3) 講談…江戸時代は講釈といった。軍学、兵書に通じた者が軍書を講じたのがはじまりで、それをわかりやすく軍記ものとして説いて語り、寄席演芸の一つとなった。お家騒動、仇討ち、政談、武勇伝、侠客、世話ものなどが口演される。

(4) 浪曲…芸能の一つ。説経節やあほだら経などを起源とし、幕末に大道芸として演じられていた。

節と科白で物語を綴る。明治初年に寄席の高座に上がるようになり、明治後期には桃中軒雲右衛門が大劇場で口演する芸として確立させた。大正、昭和になるとSPレコードやラジオで一世風靡、全国的な芸能として人気を博した。戦後も民放ラジオで人気だったが、昭和三十年代以降は衰退の道をたどっている。

（5）口ずさんだ名作である。広沢虎造「森の石松」、寿々木米若「佐渡情話」などは誰もが

仮名手本忠臣蔵…元禄十五（一七〇二）年に起きた赤穂浪士の討ち入り事件を題材に、四十七年後に竹田出雲によって書かれた浄瑠璃。全十一段よりなる。

《天河屋儀平》

忠臣蔵でおなじみの大石内蔵助は好色。ある時、女中の部屋へ忍んで行ったら、そこに寝ていたのは天野屋利兵衛。仕方ないと内蔵助は利兵衛と男色の関係を結ぼうとするのを、あわてた利兵衛はお尻を押さえて「天野屋利兵衛は男でござる」。衆道をテーマにした艶笑噺。

ぬいと角兵衛

《山岡角兵衛》

「忠臣蔵」の噺をもう一つ。

講談の「赤穂義士伝」の構成は大きく三つにわけられる。事件の全容、浅野内匠頭(1)の刃傷から討ち入り、義士の切腹までの本筋を語る「本伝」、義士一人一人の物語を語る「銘々伝」、そして、義士を助ける人々、天野屋利兵衛や義士の家族、あるいは吉良方の物語などを語る「外伝」である。

今回は「外伝」の一つ。赤穂浪士に加わりながら、志半ばで病に倒れ死んだ山岡角兵衛。その妻、ぬいの物語で、これはもともとは講談ネタだが、落語としても演じられている。

赤穂浪士の妻たちは夫に仇討ちをさせるために、陰でいろいろとサポートをする、というのが講談の美談。

『仮名手本忠臣蔵』でも、夫の早野勘平を赤穂浪士に加えるため、お軽(2)は身を売って金を作る。「操を捨てて操を立てる」とはこのこと。

重要課題に優先順位を付けると、この場合、いちばん大事なのは、無事仇討ちが成功すること。夫が仇討ちで心おきなく働きができること。そのためには自分の身を売って他の男に抱かれたって構わないのである。住宅ローンのたしにするとか、家族でハワイ旅行に行くために主婦がキャバクラ(3)でアルバイトするんじゃない。そういう「私」のことでなく、討ち入りという大義、「公」のためには操を捨てるのも武士の妻には当たり前のことだった。

で、山岡角兵衛の妻、ぬいは死んだ夫の志を継ぐ。どうしたか。操を捨てて、吉良上野介義央(4)に妾奉公をするのである。話飛躍しすぎでない？　だいたい吉良上野介だって、妾奉公させるなら相手の氏素性を調べるだろう。ましてや、赤穂浪士に命を狙われている身だ。しかし、美貌のぬいに上野介は心を動かされてしまう。

まぁ、いいや。そうしないとお話が面白くならないものなぁ。ぬいは美貌の持ち主だからいいが、美貌にやや欠点のある女たちはどうしたか。たとえば、村松三太夫の妻は下女端女となって吉良邸に潜入する。ぬいが奥で得た情報を、三太夫の妻が外にいる赤穂浪士に知らせる役目だ。なるほど、美人とそうでない女の連携プレイが必要というわけか。

で、落語。討ち入りの夜、ぬいは屋敷内に蝋燭で灯を点しているのを吉良方の清水一角(しみずいちがく)に発見される。一角の抜いた一撃。しかし、ぬいはトンボ[5]を切ってこれをかわした。

なんでトンボが切れたか。

「角兵衛の女房だから」

これがオチ。あーっ、意味わかんねえ。山岡角兵衛っていう名前と、角兵衛獅子をかけた洒落らしい。角兵衛獅子っていうのは、映画の「鞍馬天狗(くらまてんぐ)」で美空(みそら)ひばりがやっていた越後から来る少年芸人のことで。あーっ、説明するのも面倒臭い。というか、つまんない。今までの噺が台無しだよ。

というわけで、《山岡角兵衛》のエピソードを題材にして、私がこしらえた新作が《元禄淫乱(げんろくいんらん)》。演じたのは快楽亭(かいらくてい)ブラック[6]っていう人。

まず刃傷の原因が、内匠頭と上野介が衆道の関係にあったという話。ない話ではない。『仮名手本忠臣蔵』はじめ、多くの芝居や小説では、色絡みの原因を取り上げている。間に女なんぞ入れなくたって、当人同士の関係のもつれのほうが説得力はないか。

で、山岡角兵衛は関東へ下る前日に張り切りすぎて腹上死。夫の志を継ぐといっても、ただの武家の奥様に敵地潜入なんて技が一朝一夕にはできるわけがない。そこで、色事大好きの大石内蔵助と、内蔵助の色事指南番の進藤源四郎(しんどうげんしろう)(7)とが、ぬいにありとあらゆる色の術から変態プレイを教え込むという……、この噺は紹介しないほうがよかったか。

(1) 浅野内匠頭…寛文七(一六六七)年～元禄十四(一七〇一)年。播州赤穂藩藩主。元禄十四年、勅旨饗応役の任務中、高家の吉良義央に斬りつける刃傷事件を起こし、切腹させられる。浅野家は断絶となり、忠臣蔵事件の原因となる。刃傷の理由には諸説ある。

(2) 早野勘平・お軽…『仮名手本忠臣蔵』の登場人物。お軽は腰元で勘平は供侍。二人が逢引中に刃傷事件が起きたため、二人は出奔する(三段目)。二人はお軽の実家に身を寄せる。勘平は狩人として暮らしていたが、旧家臣が仇討ちをすると知り自分も同士に加わりたいと考える。お軽は勘平が討ち入りに参加する資金のために一力茶屋へ身を売る。お軽の父、与市兵衛が金を持って山崎街道を来ると、定九郎という者に殺される。勘平は猪と間違えて定九郎を射殺する(五段目)。勘平は与市兵衛を射殺したものと勘違いし切腹する(六段目)。お軽は一力茶屋で由良介(内蔵助の浄瑠璃での名)と会い、由良介は勘平の名を同志の一人とすることを約束する。(七段目)

（3）キャバクラ…一九八〇年頃に現われた風俗業。
（4）吉良上野介義央…寛永十八（一六四一）年〜元禄十五（一七〇二）年。高家。元禄十三（一七〇一）年浅野内匠頭に斬りつけられるという刃傷事件の被害者。翌年、旧浅野家臣の襲撃を受け殺害される。「忠臣蔵」では悪役だが、領地の三河吉良郡では治水や新田開発に力を注ぎ、赤馬に乗って領内を視察したところから赤馬の殿様と呼ばれ親しまれていた。
（5）トンボ…宙返りすること。
（6）快楽亭ブラック…昭和二十七（一九五二）〜。落語家。父がアメリカ人、母が日本人のハーフ。立川ワシントンはじめ十七回の改名を行い、二代目快楽亭ブラックを襲名。日本映画、歌舞伎、性風俗に精通、それらを題材にした落語を創作、口演。
（7）進藤源四郎…正保四（一六四七）年〜享保十五（一七三〇）年。播州赤穂藩士。足軽頭四百石で、大石内蔵助の親戚に当たる。内蔵助と行動を共にし、内蔵助の山科の家の面倒をみる。のちに討ち入りの同志より離脱。一説には、内蔵助が失敗したおりの討ち入りの別働隊を指揮していたとも言われている。

《山岡角兵衛》

赤穂浪士の一人であった山岡角兵衛が志半ばで死んでしまう。角兵衛の妻、ぬいは内蔵助に夫の志を継ぎたいと願い出て、吉良上野介に妾奉公し、密偵として吉良邸に潜入する。講談ネタ。赤穂浪士の妻子の中には討ち入りのサポートを務めた者が何人かいるようだが、上野介に妾奉公というのは講談のフィクションだろう。

累の死

《真景累ヶ淵(しんけいかさねがふち)》

さて、《真景累ヶ淵》の続き。

「この後新吉が女房を持てば七人まではきっと取り殺すからそう思へ」

との遺書を残して、豊志賀は自害した。

豊志賀の恨みが怖い新吉は江戸を捨ててやり直そうと、お久と二人、お久の故郷である下総羽生村へと行くことにする。

「お前とこんな田舎へ逃げて来て、所帯を持って夫婦仲良く暮らせば良いが、お前は男振りもいいし。私に愛想が尽きて捨てられたらと思うと……」

「何を言うんです。見捨てるなんてことはありはしない。なんでそんなことを言うんだい」

「だって私は、こんな顔になったよ」

お久の眼の下にポツリと腫物ができたかと思うとたちまち腫れあがって死んだ豊志賀の顔になり……。

新吉は落ちていた草刈鎌で打ち据える。そこにいたのは豊志賀ではない。喉を鎌で引き裂かれたお久だった。

一人目の女房はかくして殺された。

もう怖いから女房は持たない。女は側にも寄せない、かと思うとそんなことはない。羽生村の質屋の主人で、田地の七、八十石も持っている三蔵という者の妹、累。早い話が金持ちのお嬢様だ。この累が新吉に一目惚れした。いい男は黙っていても女が惚れるから始末が悪い。

そして、女に惚れられると、男は拒まない。まして女が美人で金持ちなら。ところが、ある日、蛇に驚いた累は囲炉裏の薬缶の熱湯を浴び大火傷をしてしまう。火傷の痕がポツリと腫物となって残る。こんな顔では二度と新吉に逢えないと、累はふさぎ込んでしまう。

普通なら金持ちの娘とよそ者の恋なんて許されるものではない。しかし、累のふさぎ込んだ理由を知った三蔵は妹のために人を頼み、新吉との婚礼をまとめる。新吉も累と逢ったおり、その美貌を憎からず思っていたし、何せ相手は金持ちのお嬢様、いい金づるだ。喜んで婚礼を承知する。

婚礼の夜まで、新吉は累の顔の火傷を知らされていなかった。さぁ、その顔を見て驚くまいことか。

「美しい娘がこんな形相になってしまったのも、やはり豊志賀の祟りが性を引いてあくまでも俺を恨むのか」

新吉はここに来て婚礼を後悔する。それでも、子までなした。新吉は累と三蔵に尽くして、今までの悪縁を払おうと考えた。しかし、運命の糸は複雑に絡む。新吉は自分が元は旗本⑴、深見新左衛門の息子であると知ってしまい、三蔵が兄新五郎の仇であるとも知れる。

さらには、元深川櫓下⑵にいたお賤（しず）という女とわりない仲になった新吉は、累に対して非道の限りを尽くす。殴る蹴るは勿論、薬缶の湯をぶちまけて産まれた赤ん坊を殺してしまう。とうとう累は鎌で自らの喉を突いて自害する。

三蔵はたびたび、累に新吉との離別を勧めたのだが、累は聞かなかった。やはり新吉に惚れた弱味か。赤ん坊をなしたということも大きい。累の自殺の引き金は赤ん坊の死だろう。

三蔵は妹のために、せめて経済的な援助だけは続けた。それがますます新吉を増長させ、最悪の事態を招いてしまった。

何がいけなかったのか。すべては因縁のなせることなのか。いや、違う。

男前の新吉に惚れた累、そして色と金とに迷い婚礼をした新吉。すべては新吉の色と欲のなせることなのだ。

（1）旗本…徳川氏の家臣で、一万石未満五百石以上の身分。
（2）深川櫓下…現在の江東区門前仲町二丁目のあたり。

《真景累ヶ淵》

「と」参照

お松と喜六の夫婦喧嘩
《舟弁慶》

上方落語は万事が派手である。

《舟弁慶》の主人公は、雀のお松、雷のお松の二つ名(1)を持つ女。といって、女侠客ではないよ。ただの長屋のかみさんだ。

友達に誘われ夕涼みの舟遊びにでかける亭主の喜ぃ公に、

「仕事してるのやとばかり思うてたら着物着替えて、どないするつもりや、いいえいな、どこへ行くのんやいな。ガラガラガラガラ」

雷のお松の異名はここから来ている。

友達の清公が間に入り、喧嘩の仲裁に行くと嘘をついて、そこはなんとか収まり、喜ぃ公と清公は淀川(2)へ向う。

しかし、お松と喜ぃ公の夫婦は一事が万事こんな塩梅だ。

お松に「焼き豆腐を買ってこい」と言われた喜ぃ公が焼き豆腐を忘れて蒟蒻を買ってくる。お松の怒るまいことか。

「なぁなぁ言うてたらええかと思うて、うかうかしてるさかい、こんな間違いができるんや。今日はド根性の入るようにしてやる」

女房の科白かね。お松は喜ぃ公に大きな灸(3)を据える。

「カカア、熱いわ」

「熱けりゃ熱うないようにしたる」

今度は井戸端で水を浴びせる。これを繰り返して、とうとう焼き豆腐を思い出した。

こんな喜ぃ公でも一度だけ、お松を殴ろうと思ったことがある。すると、お松は喜ぃ公の振り上げた手にしがみついて、ハラハラと涙を流して、

「今はどれほどわたいが憎いかしらんけど、また可愛いと思う時もあれへんか……、こう言われたら殴れんもんやなぁ」

「へへへ。夫婦(めおと)喧嘩ちゅうのは、おもろいもんですなぁ」

喜ぃ公の話を聞ながら荷担ぎ(4)の八百屋が合いの手を入れる。

愁嘆場(しゅうたんば)だ。ドラマチックな喧嘩しよる。

しかし、これだけじゃ終わらない。

究極の夫婦喧嘩は舟遊びで、酔った喜ぃ公は舟べりで赤い褌姿で踊りだす。

橋の上を通りかかったのが夕涼みに来たお松。

渡し舟で喜ぃ公の舟に乗り込んだお松は喜ぃ公の脛にかじりつくが、喜ぃ公も皆の手前もあり。

「こんなところへ何しに来やがった」

ドンと一つ胸をつきます。お松は足元がお留守やさかい川の中へドブン。幸い川が浅いので、立つと水は腰きりしかございません。髪はザンバラ、白地の浴衣はびしょ濡れ。上手から竹が流れて来たのでこれを拾うなり、川の真ん中にすっくと立って、

「そもそも我は桓武(かんむ)天皇(てんのう)九代の後胤(こういん)、平知盛(たいらのとももり)[5]の亡霊なり」

喧嘩もここまで派手なら言うことない。

おしゃべり、勝気、自己中心……、お松はそんなどこにでもいる女だ。亭主を亭主とも思わないような女では決してない。真面目に働いている亭主には気遣いもするし、亭主にとって可愛い女でもありたい。

だけど亭主には悪い友達もいるし、酒癖も悪いようだ。

で、お決まりの喧嘩になる。しかも、大坂の女や。やることがどうしても、ちぃとばかり派手になる。まわりの人間は思うのである。

「夫婦喧嘩ちゅうのは、おもろいもんや」

（1）二つ名…本名の他に、持っている別の名前。仇名や称号。
（2）淀川…琵琶湖から大阪湾に流れる河川。
（3）灸…漢方療法の一つ。もぐさを皮膚の一部にのせて火をつけ、熱気で療治する。
（4）荷担ぎ…商品を荷にして担ぎ販売する商人。
（5）平知盛…仁平二（一一五二）年～寿永四（一一八五）年。平家の武将。平清盛の四男で、清盛亡き後、平家の軍事を司り、源氏と戦うも壇ノ浦の戦いに敗れ戦死する。歌舞伎「義経千本桜」で碇を身体に巻きつけて海に飛び込む場面は有名。その後、亡霊となって、落ちてゆく義経の前に現われ弁慶と戦う。

《舟弁慶》

　雀のお松という仇名の凄い女房がいる喜六。お松を騙して友達の清八らと淀川に舟遊びに行く。喜六と清八は酔って舟先で赤白の褌一丁になって源平踊りをはじめる。一方、お松も夕涼みに淀川へでてきてこの様子を見て激怒。上方落語。夏の風物詩と庶民の夫婦の日常がふんだんに描かれたネタ。五代目桂文枝の名演は忘れられない。

お江戸こぼればなし　参――お江戸の恋の基礎知識

庶民の恋

庶民の結婚事情はというと、男性は一生懸命働いて経済的基盤を持ち、社会的な信用を得たところで、大家さんやお店の主人といった世話好きの人の紹介で結婚するというのが常識であった。

本文でもたびたび登場するが、江戸は男女の人口比では男性のほうが多かった。徳川吉宗が享保のころに調べたもので、男性が約三十二万、女性が約十八万。天保（てんぽう）のころになると、男性が約二十九万、女性が約二十七万。これは町人だけの数で、武士や、出稼ぎに来る労働人口はカウントされていない。出稼ぎの労働人口はほとんどが男性だから、男性の実数はもっと多いことになる。

人口比が男性のほうが多いということは、単純な話、男性で妻帯できない者がでてくる。ある程度の条件がそろわなければ嫁を紹介してはもらえなかったというわけだ。

しかし、落語には「仲人なしのくっつきあい」という夫婦がよくでてくる。年季の明けた遊女が女房になる噺もあれば、与太郎だって妻帯していたりするから、恋のチャンスもないわけではない。努力と運次第ということか。

お江戸こぼればなし　肆――お江戸の恋愛マニュアル

女性が惚れる十の条件

男性として生まれて女性にもてたいと思わない者はまずいない。女性が惚れる男性にはいろいろな条件が必要だ。

上方落語で《色事根問》、この落語では女が惚れる男の条件を十掲げている。落語というのは実に鷹揚で、このうち一つでも当てはまるものがあれば、女性が惚れると言っている。

その条件とは、「一見栄、二男、三金、四芸、五精、六オボコ、七科白、八力、九胆、十評判」。

一見栄とは見た目、つまりルックスだ。やはりいい男で、身なりがきちんとしていて清潔である、これは女性が惚れる第一条件だ。二男は男気、男らしさ、次に大事なのは内面ということだろう。三金は勿論、経済力。四芸は、唄とか踊りとか、なんか芸事ができるといい。五精は元気なのがなにより。六オボコは純情な男というのも、もてる条件に入っている。年増が放っておかない。七科白、口説き文句というのも大事だ。八力、女性が持てない重たいものをひょいと持ってあげたりすれば、その姿に女性は惚れる。九胆、度胸が据わっているというのも肝心。で、十評判、他人から好感を持たれている、評判がいいというのも、もてる条件だ。

忘れちゃいけないものがある

《蛙茶番(かわずちゃばん)》

落語にでてくる女性アイドル的存在が、小間物屋(1)のミイ坊。町内の小町娘である。年齢は十五、六歳か。ミイ坊というくらいだから、もう少し若いのかもしれない。いや、子供のころの呼び名が娘盛りになっても呼ばれてるくらい、可愛い存在という意味かもしれない。

小間物屋の看板娘で、とても愛くるしい。とはいえ、年齢が若過ぎるから、ふんべつのある大人は惚れたりはしない。《野(の)ざらし》の八五郎も「年増がいい」と言っているように、江戸っ子は少女よりも大人の女が好きなようだ。

しかし、そんなミイ坊に惚れちまう、場違いな江戸っ子もいる。

しかもミイ坊のほうはまるでその気がないのに当人だけのぼせあがっている。

恋なんていうのは、秘めたる恋が美しい。にもかかわらず、この男の恋心は町内で知らない者はいない。

男の名は、建具屋(たてぐや)(2)の半公、略して、タテハンと呼ばれている。

いろいろな噺で若干の性格の違いはあれど、うぬぼれ屋で調子がよく、思い込みが激しい。

小間物屋に買い物に行って、ミイ坊がニコッと笑った。そら、看板娘だから、客には笑顔もふりまく。で、あの笑顔は俺に惚れてるに違いない、と勘違い。

半公のことを知っている町内の連中には絶好の鴨。ミイ坊と聞いて舞い上がる半公に、

「この間、小間物屋のミイ坊が言ってたぜ。半さんは、男の中の男一匹、江戸っ子気性、人に頼まれると嫌と言えない、達引き(たてひき)(3)の強いところに惚れたのさ」

「ありがてえなぁ。ようやく世間の女に俺の了見がわかってきやがった。当たり前よ、人に頼まれて嫌と言えないのが心情だ。どうにでもしてくれ」

「そこを見込んで頼みがあるんだが」

と、まんまと銭を巻き上げられちまうのが《酢豆腐（すどうふ）》の中で登場する半公。間抜けだねえ。でも人間、誰でも弱いところはある。

《蛙茶番》の半公はもっと間抜け。お店で素人芝居(4)、出し物は『天竺徳兵衛（てんじくとくべえ）』(5)。舞台番の半公が来ない。舞台番っていうのは、舞台の横の半畳にいて客が騒いだら注意する、場内整理係だ。古い狂言にはそういう役がいたそうな。

カッコいい役ではない。舞台にはでているが裏方の舞台番をふられ、半公は拗ねてお店に来ない。しかし、半公を来させる方法を番頭さん（素人芝居のプロデューサー）は心得ている。

「馬鹿はおだてて使うんだ。定吉、もう一度半公のところへ行っておいで。今そこで、小間物屋のミイ坊に会ったたって言うんだ」

ミイ坊が半公の舞台番を見に来る。

そう聞かされた半公は大喜び。直接お店に飛んでは行かない。ミイ坊が来るっていうんで、まずお湯屋（銭湯）。いろいろなところを洗って、いい男になろうっていうんだ。

番頭さん、また定吉を走らせる。

「ミイちゃんがね、半さんが来ないなら帰るって言ってるよ」

「冗談じゃない。ミイ坊に帰られてたまるかい」

野郎、あわてておお湯屋を飛び出す。馬鹿は褌(6)を忘れてきた。

舞台番の半公、

「立っちゃいけねえ、騒いじゃいけねえ」

衆人環視の前で着物をまくったから、さぁ、タイヘン。褌を締めてないから、へんなモノがベローン。

ミイ坊が来ているっていうのは番頭さんの嘘だったたから、まだよかった。いくら半公の思い込みが激しいからって、好きな女の子の前でベローンは可哀想だ。いや、いい薬か。いやいや、ベローンなんて見せたら、ミイ坊が可哀想だよ。

（1）小間物屋…紅、白粉、櫛など女性の化粧用具などを販売する商売。
（2）建具屋…戸、障子、襖などの取りつけを行う職人。
（3）達引き…意地を張り合うこと。
（4）素人芝居…旦那衆が集まってやる芝居。皆で資金を出し合っているため、役もめなどのトラブルは茶飯事であった。
（5）天竺徳兵衛…鶴屋南北・作の歌舞伎『天竺徳兵衛韓噺』。天竺徳兵衛は江戸初期の商人でインドに渡った人物。これを南北は蝦蟇の妖術を操り天下を狙う悪党として描いた。
（6）褌…男性の下着の一種。六尺と越中の二種類がある。

《蛙茶番》

旦那衆が集まって素人芝居。出し物は「天竺徳兵衛」。舞台番の半ちゃんが来ない。半ちゃんは小間物屋のミイちゃんに岡惚れしているから、ミイちゃんが来ているというとすぐに来るが、お湯屋に褌を忘れて来た。衆人環視の前で着物をまくったものだから、ヘンモノが飛び出し、さぁ、タイヘン。艶笑噺だが、素人芝居の役もめ、岡惚れ男の思い込みなど、落語らしい面白さが充実した一席。

刀屋
《おせつ徳三郎》

浄瑠璃なんかではよくあるのが、お店のお嬢様と年長の丁稚の恋。

勿論、禁断の恋である。

江戸時代の結婚は身分が同じくらいの家同士で行われた。というより、恋自体が禁断のもの。ましてや良家のお嬢様にとって、恋という行為が「ふしだら」であった。

「ふしだら」ったたってねえ。人間なんだから。恋愛的な感情がないわけはないでしょう。ましてや、年ごろの少女だよ。

ところが、お嬢様のまわりには、普段あまり男性はいない。家族か奉公人くらい。店の奉公人は奥向きの用事は原則しない。

しかし……。

お嬢様が外出する時には必ず供がつく。女性の外出となると、それなりに危険もあるので、やはり供の役目は重要である。危険があるとはいえ、剣術使いや相撲とりを供にするわけにはいかない。やはり、奥付の女中か下男、店の丁稚などが供役となった。で、お嬢様の外出。箱入り娘ったって、ホントに箱に入れておくわけにもいかない。何かの用事があれば外にもでる。そんな時に、お嬢様よりちょっと年上の丁稚が供につくことがあった。

この丁稚が鼻でも垂らしていようものなら、なんの問題も起こらない。

丁稚がちょいといい男だったりする。いい男で、年上でボディガード役でもあるから、なにかと頼もしい。しかも家来でもあるから。優しくなんでも言うことをきいてくれる。女性にとってどうよ。いい男で頼もしくて優しい。もうあとは、なるようにしかならないでしょう。

《おせつ徳三郎》という噺。お嬢様のおせつが花見に行く。供は三人。年上の丁稚の徳三郎に、子供の丁稚の長松、それに海千山千の婆やが一人。

おせつはとうに徳三郎に特別な感情を抱いているんだ。

「徳や、お前は私のことをお嬢様お嬢様って言うねえ」

「そら、お嬢様に違いないから、お嬢様って言います」

「だけど、誰もいないところでは、私の名前を呼んでくれてもいいじゃないか。おせつと呼んでおくれ」


主人が飴と鞭で丁稚の長松からすべてを聞きだした。

徳三郎は暇をだされた。つまり、クビだ。当然といえば当然。叔父の家に厄介になる。

おせつはどうなったか。親に勧められて婿をとることに。親はすべてを内々に片付けて醜聞を回避しようと考えた。


「お嬢様だって、ああいうお方が婿になってくれればこんなに嬉しいことはない。私も奉公人をいいと思ったこともあったがそれは了見違い。あのお方と奉公人をくらべたら、月とスッポン、天と地ほどの違いがある。奉公人なんてババッチィとおっしゃったそうだ」

これは叔父の言った脆弁。だけど、こういう嘘が徳三郎を迷わす。

おせつを殺して自分も死のうと刀屋へ行く。

一方のおせつ。案の定、徳三郎が忘れられず、婚礼の日に逃げだした。

両国橋で二人は出会う。


「徳や、私はお父っつぁんの言うことに背いてでてきてしまったからは、とても生きてはいられない」

「それなら私もご一緒に」

「未来とやらは夫婦だよ。南無妙法蓮華経」


橋から飛び込む二人。落語は落ちがついて終わりだけど、これから若い二人がどうなるのか。心配してもはじまらない。

《おせつ徳三郎》
商家のお嬢様のおせつと、丁稚の徳三郎がただならぬ関係になる。主人はそのことを丁稚の長松から聞きだしたので、徳三郎は店を追いだされる。叔父の家に厄介になっている徳三郎の耳に、おせつが婿をとるという話が聞こえる。逆上した徳三郎は刀屋へ飛び込む。長い噺で、前半は「花見小僧」後半は「刀屋」というタイトルでも演じられる。

吉原の幾代大夫

《幾代餅(いくよもち)》

「恋煩い」

この言葉はもう死語かもしれない。

いや、恋しい想いが募ってストーカー事件なんていうのは、現代の恋煩いか？

そんなのは、恋煩いとは言わない。

昔と今とでは「恋」の意味も違う。恋するということが日常的な行為でなく、特別なことだった時代で、それがさらに煩うというのだから、よほどの恋の果てのことだろう。

そんじょそこらのストーカーと一緒にされては困るのだ。

搗(つ)き米屋(1)の奉公人、清蔵が煩った。

医者が「普通の病ではない、心に何か想うところがある」と言うので、主人が話を聞いてみるに、恋煩いだとわかる。恋煩いの特効薬はただ一つ、その恋を成就させることだ。問題は相手だ。近所の娘ではない。吉原(2)、姿海老屋の幾代太夫という松の位の花魁(3)だ。

主人は言う。

「相手は売り物買い物だ。銭を貯めて吉原に逢いに行けばいいんだ」

これは主人の詭弁だった。

吉原を現代の風俗業と考えると大きな間違い。金さえ払えば誰でも遊べるという所ではない。しきたり、格式……、それだけじゃない。遊女の気持ちも大切なのだ。だから、遊女は客をふる。ふられないように客は心と金との両面で頑張らねばならない。吉原とは男女の駆け引きの場所、ようは恋愛シミュレーションゲームを楽しむところなのだ。清蔵が惚れた幾代太夫、彼女は大店の松の位の太夫職(4)。俗に大名道具といわれた花魁だ。大名やそれに匹敵する金持ちが恋愛ゲームで遊ぶための花魁なのである。対する清蔵は搗き米屋の奉公人。搗き米屋とは玄米を搗いて精米をする仕事。足でぺダルを踏んで杵を動かし、黙々と米を搗く。真面目と勤勉の代名詞のような職業だ。では、真面目だけの清蔵は、花魁をどこで知って惚れるに至ったのか。なんと、錦絵(5)を見たのだという。

早い話が、グラビアアイドルの写真集を見て、彼女に恋煩いしちゃった、と同じことだ。はたしてこの恋は成就するのか。

主人に言われるまま、清蔵は三年間脇目もふらずに働き金を貯める。

三年経った。もう幾代のことなんか忘れているはずと思ったのは主人の誤り。すべては幾代に逢うために、寝食忘れて働いて金を貯めたのだ。貯めちゃったんだからしょうがない。主人もいまさら、あれは詭弁だとは言えない。吉原に詳しい医者の藪井竹庵をガイド役に雇い、野田の醤油問屋(6)の若旦那と偽り、ようやく幾代太夫に逢うことができる。

何もわからぬままに夢のような一夜が過ぎて。

「ぬし、今度いつ来てくんなます」

と言う幾代に清蔵は、

「三年経たないと来られない」

と、自分が実は搗き米屋の奉公人であるということを明かしてしまう。

三年間も想い続けた、想い続けて働いた。幾代に逢うことだけを楽しみに。そして、三年後にまた逢うために働くという。そんな想いが幾代に通じたのか。幾代は来年三月の年季明けに⑺清蔵のもとを訪ねて来て、二人は夫婦になり、餅屋を開業したという。オタク青年がグラビアアイドルとの恋を成就させて結婚に至ったようなもの。落語の恋は夢多きかな。

（1）搗き米屋…精米業。籾殻のついた玄米を搗いて糠を落として精米する。

（2）吉原…現在の台東区浅草北。明暦三（一六五七）年、日本橋にあった遊廓が当地に移転され、以後、新吉原と称された。江戸時代は公娼（幕府公認の売春施設）としておおいに賑わった。明治以降は公娼制度が廃止され、貸し座敷の料理屋となったが売春行為は行われ栄えていた。昭和三十三（一九五八）年、売春禁止法施行以降はソープランド街となった。

（3）花魁…吉原の遊女のこと。
（4）松の位の太夫職…最上位の格式ある花魁。
（5）錦絵…色刷り版画の浮世絵。鈴木春信を創始者とし、明和の頃から江戸で流行した。江戸絵、東錦絵ともいう。
（6）野田の醤油問屋…野田は千葉県北西部の町。江戸時代は醤油の製造、販売が行われ、水運を利用して大量に江戸に出荷した。野田の醤油問屋といえばたいそうな富裕層だった。
（7）年季明け…奉公人などを雇う契約期間を年季といい、その契約期間が終了すること。

《幾代餅》

搗き米屋の清蔵は錦絵の花魁、幾代を見て一目惚れし、恋煩いになってしまう。親方に三年間働いて銭を貯めたら吉原へ行けると言われ、清蔵は三年間一心不乱に働く。五代目古今亭志ん生が演じ、古今亭一門に継承されている。《紺屋高尾》と同工のストーリー。

男尊女卑の物語

《かんしゃく》

《かんしゃく》という落語がある。

時は明治時代、ある上流階級の家庭。旦那様は神経質な性格で、気に入らないことがあると怒鳴ってばかり。というより、家人や使用人のミスをわざと探して怒鳴っている。奥様の静子は実家に帰ってしまうが、実家の父親は、

「ここはお前の家ではない。旦那様のかんしゃくの虫を治めるのも妻の役目の一つだ。お前はそれができない女じゃない、そうでしょう」

と諭して静子を追い返す。屋敷へ戻った静子は完璧主婦となり、家の中にはなんの落

ち度もなく、怒鳴れなくなった旦那様は困ってしまう。

明治時代にできた新作落語で、作者は益田太郎冠者（ますだたろうかじゃ）(1)という人。三井物産を築いた益田孝（ますだたかし）の息子で、明治八（一八七五）年生まれ。夏目漱石（なつめそうせき）より一足早くヨーロッパに留学したものの、勉強なんかしない。パリのムーランルージュで遊んでいたという、日本初の国際的寄席通。帰国後、銀行員を経て、会社の重役となり、帝国劇場の創設に関わり芸術監督となる。

文化事業に財産を使い、自身で芝居の脚本を書いて演出もし、女優と浮名を流し、落語も書いた。それが決してお大尽の道楽でない。喜劇作家と実業家の両方で名を成し、それで七十七歳まで長生きしたというから、道楽者の鑑だ。

男尊女卑(2)を絵に描いたような一席だが、最後の最後で静子は、「怒鳴る」という旦那様の唯一のストレス発散を奪ってしまう。明治の噺ながら、そうした皮肉なユーモアが痛烈だ。さすがは明治の噺で、そのへんのユーモアは欧風なのか。

明治になっても庶民の生活そのものはたいして変わりはなかった。チョンマゲがなくなったくらい。文明開化の波は少しずつ訪れただけで、ガス灯が点ろうと、肉を食らおうと、汽車が走ろうと基本的な生活は同じだ。

しかし、変わったものもある。江戸時代は二百五十年平和が続いた。決して豊かではなかったが、都市部では庶民が暢気で文化的な暮らしをしていた。

明治は富国強兵の時代。世の中は欧化で豊かにはなったが、暢気ではなくなった。

戦さをするのは武士の仕事だったのが、徴兵令(3)で庶民が天皇の兵士となって戦う時代となった。

兵士だから、武士と同じようなプライドを持つ。帝国軍人として恥ずかしくない日常を暮らさねばならない。恋愛などという軟弱なことは許されない。女に甘い顔なんぞ見せてはならん。

遊女屋だって、江戸時代みたいな恋愛シミュレーションの世界ではなくなる。ただただ、突撃！　どっちがいいかは人それぞれ。

夫婦だって、女房の尻の下に敷かれているなんていうわけにはいかない。兵士だから。

明治の御世は男尊女卑が世の習いとなった。

で、益田太郎冠者。男尊女卑の時代に《女天下（おんなでんか）》なんていう落語も作っている。

六代目の蝶花楼馬楽（ちょうかろうばらく）(4)で聞いたことがある。

魚屋と銀行員と儒者の先生の三人がいずれも恐妻家で女房に頭が上がらないという、

ただそれだけの噺だが、男尊女卑の時代では逆転ぶりが面白かったのだろう。いや、表向きは男尊女卑でも、案外、俗世間には恐妻家もいるんだよという、これも欧風ユーモアか。

まあ、現代では、女尊男卑が日常で、笑うに笑えない噺かもしれない。

明治という時代の雰囲気を楽しむという意味では、《かんしゃく》も《女天下》も貴重な落語なのかもしれない。

（1）益田太郎冠者…明治八（一八七五）年～昭和二十八（一九五三）年。実業家で劇作家。三井物産創始者の益田孝の次男。ヨーロッパ留学、帰国後、銀行員を経て、日本精製糖（のちの大日本精糖）の役員となる。帝国劇場開設のおり、芸術監督となり、実業家と劇作家・演出家の二足の草鞋を履いた。

（2）男尊女卑…男性を尊い存在とし、女性を卑しいとする考え方。

（3）徴兵令…明治六（一八七三）年に出された国民皆兵を定めた兵士採用のための法令。藩兵を解体し近代軍隊を作るため大村益次郎が発案し、山県有朋がそれを受け実施した。

（4）六代目蝶花楼馬楽…明治四十一（一九〇八）年～昭和六十二（一九八七）年。落語家。寄席などを中心に活動。《からくり屋》《抜け裏》《女天下》といった珍しいネタを得意としていた。

《かんしゃく》

ある上流階級の旦那様。怒りっぽい性格で、使用人の落ち度を見付けては怒鳴り散らしている。奥様はとうとう耐えられずに実家に帰ってしまう。実家の父は「お前の帰る家はここではない」と悟す。奥様は家へ戻り完璧主婦となったので、旦那様は怒ることができなくなってしまう。益田太郎冠者・作。八代目桂文楽、柳家小三治、柳家小満んらが演じている。

恋愛結婚＝仲人なしのくっつき合い

《たらちね》

「恋愛結婚」っていう言葉ができたのは、戦後のことだそうだ。

その前までは一般的に結婚は家と家とのもの。個人的な愛だの恋だのはあまり重要視されていなかった。戦後になり、恋愛から結婚へというカップルが増え、「恋愛結婚」という言葉が流行語となった。それから何十年か経ち、恋愛から結婚へが普通のこととなったため「恋愛結婚」という言葉は死語になった。

落語の中には、

「仲人なしのくっつき合い」

と、好きあって結婚したことを卑下しつつも自慢する奴がでてくる。

「仲人なし」は世間の常識にはずれているかもしれないけれど、でも、自分たちの恋を成就させたという自慢でもあるのだ。

庶民の中には、そうした恋愛もままあった。

ただ、江戸の街は男女の人口比で圧倒的に男性が多かった。結婚はおろか恋愛もできない男性も多くいた。むしろ、女性が一人で外を歩くことも少ない時代、恋愛のチャンスはそうそうころがっているわけでもなかった。

男性の結婚への道は、個人的な信用を養い、この男なら大丈夫というお墨付きを世間からもらわねばならなかった。その上で、お店の主人や大家さんなどの世話好きの人が、結婚の世話を焼いてくれる。

《たらちね》の八五郎もそうだ。


「大家さんが呼んでるっていうから来ましたけど、いったいなんの用です」

大家に呼ばれた。やましいことはない。なんだろう。そう思って訪ねた八五郎に、

「実は、八つぁん、お前さんに嫁を世話しようというんだが」

八五郎は喜んだ。「吉日を選んで」という大家さんに、

「思いたったが吉日というでしょう。今日、もらいましょう」

これで話がまとまっちゃうのが落語。

家に帰った八五郎は、隣家の婆さんに掃除を頼み、自分は湯屋へ行く。

上方落語の同話《延陽伯（えんようはく）》では、巨大糠袋(1)を作って湯屋にかついで行く件（くだり）がある。

「下だけ洗えばええんや」

とは、合理的な上方ならではのギャグか。

家に戻った八五郎、今度は夫婦差し向かいで、おまんまを食べる妄想。

一人で食べるのは空腹を満たす作業でしかなく、夫婦差し向かいで食べてはじめて文化的な食事となる。おかずなんか、沢庵で十分だ。

やがて大家さんが女性を連れて来る。女性は屋敷奉公をしていて、言葉が丁寧。

「そもそもことの姓名は、父は京都の産にして姓は安藤……」

と自分の名を名乗るのに両親の名から命名の由来を語る。たいへんな女房をもらったわけだが、長屋には長屋の暮らしがある。やがて時が経てば、長屋の女房になってゆくはずである。

嫁は深夜、八五郎に言う。

「偕老洞穴(かいろうどうけつ)の契り」

これは一緒にお墓に入るという意味。私は別の意味だと思っていた。

翌朝は、おまんまを炊くだけで大騒ぎになる。

「九尺二間[2]に過ぎたるものは紅のついたる火吹き竹」

おまんまを炊くための火吹き竹に紅がついている。家に女性がいるということ。それがすなわち、「過ぎたるもの」。贅沢な幸福であるということだ。

（1）糠袋…糠を入れた布袋で、入浴の時に肌をこすって洗う時に用いる。
（2）九尺二間…間口九尺（約二百七十㎝）、奥行き二間（約三百六十㎝）の部屋で構成されている長屋。江戸の最下層の人が居住した。

《たらちね》

大家が八五郎に嫁を世話する。嫁は元屋敷奉公していた女で、言葉が丁寧なのが唯一の傷だというが、並みの丁寧さではない。嫁が来る八五郎の喜びの様子が細かに描かれる。また、長屋の住人の朝の風景も新妻を軸にコミカルに語られる。寄席でよく演じられているおなじみの一席。上方では《延陽伯》という題。

染と金蔵の心中

《品川心中》

恋の終焉にはだいたい次の三つが挙げられよう。

一つは結婚。世間が認める形で結ばれる。つまり恋を成就させた、ということだ。今も昔も、結婚式は親戚や友達から祝福される。

二つ目は別離。結婚は家の結びつき。お互いが好きでもどうにもならない。泣く泣く別離という選択をする場合が多かった。

そして、三つ目の選択が心中だ。この世で成就できない恋をあの世へつなぐのだ。

心中が流行したのは元禄（一六八八〜一七〇四）の頃だろうか。近松門左衛門[1]は、恋を彼岸の橋として、この世を捨ててあの世へ渡る男女を祝福した。

そう。心中は祝福されたのだ。世間の評価は結婚と同じになる。世間の常識に沿わなくても、己の恋を貫いた行為としてだ。

親の許さぬ恋、主従の恋、遊女との恋、妻子ある男、あるいは夫ある女との恋……、それらを成就させる方法としての心中があった。許されぬ恋でも、それを貫けばカッコいい、ということで浮名が立った。浄瑠璃として語られ、賞賛された。

で、流行した。これは風紀を乱す。政府は禁止をした。まずは近松門左衛門ら浄瑠璃作者が処罰された。心中を賞賛するんじゃないよと叱られた。

そして、心中した男女も厳しく罰せられた。死んだ二人は「遺骸取捨」(2)、つまり埋葬されずにゴミ扱いだ。もしも生き残ったら厳しい処罰が待っていた。

でも、心中はなくならなかった。

死んでもいい。遺骸なんて廃棄されたっていいよ。あの世では、来世では、必ず結ばれるのだ、という強い想いがそうさせた。

心中したい女がいた。品川(3)の遊女でお染。

お染は金の工面に困り死のうと思ったが、一人死んでは金に困って死んだと思われる。ここは誰かを道連れに死ねば心中と浮名が立つ。どの道死ぬならカッコよく死にたい。

そう考えた。さすが、色の道にたけた遊女だ。

「誰がいいかねえ。辰つぁんはおかみさんをもらったばかりだし、吉つぁんは病気のお母さんがいるから死ねないだろうし。どっかにいないかねえ。死んでも誰も困らない男は。あっ、いたいた、貸し本屋(4)の金さん、この人に決めた」

惚れてるけど普段は銭がないから。あまりいい待遇されていない。それが女から「逢いたいからすぐに来て欲しい」と手紙が来る。

決められたほうは迷惑。と思いきや、そうでもない。何せ、女に惚れてるんだ。野郎はすっ飛んで来る。そして、心中話を持ちかけられる。

断わりゃいいのに断わらない。馬鹿だねえ。惚れた弱味ってやつ。

でも、女に「お願い」って言われたら、たいていの男は断わらないよ。頼られる、っていうのは、男は本能的に気分がいいんだろう。

でも、心中だよ。どうなんだ。落語の登場人物は、死に対して切迫感がないのか。

「どこへ行くんだ?」

「西のほうです」

「いつ帰る?」

「来年のお盆には」

恋に狂った男はまともな思考回路ではない。考える力の低下だ。すべては恋ゆえ女ゆえ。結局、この心中は失敗に終わる。金蔵が海に飛び込んだところで、お染は飛び込むのを止められる。金ができたのだ。

金蔵も助かった。飛び込んだ品川の海は遠浅だった。

(1) 近松門左衛門…承応二（一六五三）年～享保九（一七二四）年。浄瑠璃作家。坂田藤十郎、竹本義太夫らと組み、歌舞伎、浄瑠璃などの脚本を多く著わす。代表作、『曽根崎心中』『冥土の飛脚』『国姓爺合戦』など。

(2) 遺骸取捨…死骸を埋葬せず放置すること。

(3) 品川…現在の品川区。旧東海道最初の宿場として栄えた。俗に、四宿の一つと言われ、吉原に次ぐ遊女屋が立ち並ぶ色町でもあった。

(4) 貸し本屋…本を貸して損料を得る商売。昭和三十（一九五五）年頃までは本は高価だったため貸し本業がおおいに繁盛した。

《品川心中》

品川の遊女、染は金策に困り死のうと思うが、金に困って死んだと思われるのは嫌だ。そこで誰か男と死ねば心中と浮名が立つと考えた。死んでも誰も困らない貸し本屋の金蔵が選ばれる。品川を舞台にした男と女のおかしな心中騒動。志ん生、文楽、圓生、正蔵、志ん朝……、誰のを聞いてもおかしい。

お江戸こぼればなし　伍――お江戸の恋愛マニュアル

落語にでてくる口説き方（一）

　仲人なしのくっつき合い夫婦はどのようにして誕生するんだろう。

　たいていは、職人とお店の女中なんていうカップルか。お店で普請があって職人が出入りする。休憩時間に女中がお茶と菓子なんかをふるまう。その時に、羊羹が一切れ多かった。女中が男に惚れて一切れ余分に盛ったのか、それともただの偶然か。でも男は思うのである。あの女、ひょっとしたら。

　で、そういう時にうまい具合に祭かなんかあると、夜店に誘ったりする。今とたいして変わりはしない。で、男が夜店でなんかを買ってあげたりする。

　ここまでくれば、あと一押しだ。女性はやはり強引に口説かれるのに弱い。用意するものは出刃包丁一本。

「俺はお前に惚れている。今ここで、うんと言えばよし。もしも嫌ならこの出刃だ。さぁ、どうする。うんか、出刃か。うんか出刃か。うん出刃か……」

　脅迫だよ。でも、それだけ惚れているんだ、という想いは伝わるってえもんだ。

　これが江戸っ子の恋ってもんよ。

お江戸こぼればなし　陸

落語にでてくる口説き方（二）
——お江戸の恋愛マニュアル

落語《つるつる》では幇間の一八が芸妓の小梅を口説く場面がでてくる。ただでさえ、「よいしょ」が仕事の幇間だけに口説き文句が凄い。

「私があなたと一緒になれるんなら、もう親切にしますよ。親切の国から親切を広めに来たように。親切株式会社の取締役に就任するよ」

女冥利というよりは、ある意味脅迫に近い。

「あなたがはばかり（トイレのこと）行く時には紙をもんでついて行く」

そんな所について来られても困る。

幇間の一八は極端な例としても、相手を奉って拝み倒すという口説き方にも、案外女性は弱かったりする。

「お前と一緒になれたら、俺はなんだってするよ。腰巻の洗濯だってするよ」

「腰巻の洗濯」っていうのは優しさの象徴か。あんまりへりくだりすぎて情けなさを誘うギャグなのか。洗濯機で洗うわけじゃないからね。女性からすれば恥ずかしさも伴う。エロスも含む口説き文句かもしれない。

露の恋焦がれ

《牡丹燈籠》

根津の清水谷に住む浪人で萩原新三郎。二十一歳の美男子。浪人だが、親より譲られた田地、家作(1)があり裕福に暮らしている。

医者の山本志丈の案内で、新三郎は旗本、飯島平左衛門の娘、露と逢い恋に落ちる。新三郎は裕福とはいえ浪人、旗本のお嬢様とは叶わぬ恋の道だ。しかし、お嬢様には逢いたい。だが、逢いに行って平左衛門に見付かり「不義者め」と斬り殺される夢を何度も見て恐ろしくなり、訪ねて行けない。ある日、志丈がひょっこり訪ねて来て、

「男なんていうのは、よく生まれると罪なものですねえ。飯島のお嬢様は、萩原様に恋焦がれ、焦がれ死にをなさいましたよ」

こりゃ後悔するわな。親が怖くて逢いに行かなかったために、女は死んだ。しかも、お露はお嬢様だから一人じゃ死なない。乳母のお米も一緒に死んだ。昔のお嬢様は一人じゃ何にもできない。世話を焼く者が必ず付いた。だから死ぬのさえ、一人じゃ死なないのがお嬢様なのだ。

新三郎はやるせない気持ちで念仏三昧の日々を送っていたが、

盆の十三日カランコロンカランコロンと下駄の音をさせて生垣の前を通るものがある。新三郎がのびあがって見るに、縮緬細工（ちりめんざいく）の牡丹芍薬（ぼたんしゃくやく）などの花のついた燈籠[2]を下げた中年の女、その後には年頃十七、八とも思われる娘が……。

死んだはずのお露とお米だ。再会を喜ぶ新三郎。お露が死んだと志丈に言わせたのは、新三郎に恋を諦めさせるための親の計略だったのか。

そして、新三郎とお露は逢瀬を重ねるのだが。

新三郎の家作に住む伴蔵がお露は幽霊であると告げたので、新三郎は驚く。新幡随院にはお露の墓があり、牡丹の燈籠がかけられていた。

新三郎は心変わりする。良石和尚からお札をもらい、家の戸口に貼り、お露とお米が入って来られないようにした。

「変わり果てた萩原様のお心が情けない。米や、どうか萩原様に逢わせておくれ。逢わせてくれなきゃ、私は帰らないよ」

と振袖に顔を当ててさめざめと泣く。

お嬢様は行動しない。泣くだけだ。泣いてる女は美しい。だけど幽霊だから、泣き声すらも恐ろしく響く。新三郎はただ念仏を唱えるしかない。死にたくない。というよりは、もはやどうしてよいかわからない、というのがこの男の心理か。

新三郎は最初から優柔不断なのだ。お露のことを想いながらも逢いに行けなかった。そして、今また幽霊になってまで逢いに来たお露でさえ拒むのである。

お嬢様の望むことは、すべて乳母のお米が運んでくれる。お米は伴蔵に百両でお札はがしを依頼する。

「幽霊にはお足（おアシ＝銭のこと）はない」

幽霊の常識を覆しているのが、三遊亭圓朝だ。圓朝・作の《牡丹燈籠》では、カランコロンと幽霊に下駄を履かせている。だからちゃんとお足もある。

伴蔵がお札をはがした翌日、新三郎は死んでいた。寝床には新三郎の死骸の横に女の舎利骨(3)があった。死んでからも逢いたいと思った男を、お露はとり殺した。

ロマンチックに考えれば、新三郎とお露はあの世で結ばれたということにもなる。

しかし現実はそんな話ではない。新三郎は実は伴蔵に蹴り殺された。伴蔵は新幡随院の墓よりお露の舎利骨を掘りだして新三郎の遺骸と並べた。百両も幽霊からもらったものではない。新三郎の家から盗んだのだ。

すべては幽霊騒動に便乗した伴蔵の悪事、怖いのは人間ということである。

いや、女心を踏みにじる優柔不断な男は、女にとってもっとも恐ろしい存在かもしれない。

（1）家作…貸家のこと。

（2）燈籠…照明用灯火具の一種。
（3）舎利骨…しゃりこうべのこと。

《**牡丹燈籠**》

根津清水谷に住む浪人、萩原新三郎のもとへ夜毎通い来る女は、新三郎に恋焦がれて死んだ旗本の娘、お露の幽霊だった。三遊亭圓朝・作の怪談噺。新三郎とお露の怪談噺のあとは、栗橋に逃亡した伴蔵とお峰の話、それにからむ、源次郎とお国は、実はお露の父を殺していて、それを追う忠僕の孝助の話とさまざまな因縁が錯綜する。

年季が明けたら

《年季が明けたら》

「あいぼれや顔に格子のあとがつき」

という江戸の川柳がある。「あいぼれ」とは互いに惚れあっていること。つまり、相思相愛ということだ。

遊女と客があいぼれの間柄。客の懐具合がよくないので店に上がれない。そこで格子を間に、客と遊女が顔を押し付けあっている。あんまり押し付けたもんだから、顔に格子のあとがついた。

吉原には張り店(1)というのがあった。格子の内側に、遊女たちがショーウィンドゥの商品のように居並び、客は外から遊女の品定めをするというシステム。今はない。

遊女は客を騙すもの。

「傾城の恋はまことの恋ならで、金持って来いがホンの恋なり」

「年季が明けたらお前の所へ、きっと行きます断わりに」

なんていう狂歌(2)や都々逸(3)がある。「年季が明けたらお前さんの家へ行ってもいいかい」なんて女は言うけど、言う男は一人じゃない。

しかし、まれに。ごくまれに。遊女だって客に惚れる。

遊女が惚れた客を一般の客と区別して、「間夫(まぶ)」(4)なんてことを言う。

「俺はあの女の間夫だ」

「誰が間夫だよ、虻(あぶ)みたいな顔しやがって」

落語によくでてくるクスグリの一つだ。たいていは間夫だと思ってるのは自分だけなんだけど、遊女だって女だから、惚れるんだよ。

遊女が客に惚れる理由は？

たいていの女性はなりたくて遊女になったわけではない。家庭の事情で売られてきたのだ。だから、借金さえ返してしまえば、家に戻って堅気の暮らしがしたい。

しかし、何年も遊女の暮らしをした。家へ帰っても貧乏な生活が待っているだけ。遊女なら、きれいな着物を着て、三度の食事には困らない。なるたけ客を騙して、せっせと貢がせれば店の待遇もよくなる。

だから仕事として遊女を頑張るけど、もう一つの問題点がある。遊女は若いうちしかできない仕事なのだ。年齢を重ねれば、別の土地、別の店と住み替えをする度に、ランクを落としてゆくことになる。

「根津や谷中でお茶ひくよりも、故郷（くに）で田の草とるがいい」

根津や谷中の私娼で、さらに客がつかない。それなら故郷へ帰りたいよ。切ない二上（にあ）がり新内(5)だ。

《年季が明けたら》は拙作。遊女の日高は男に言う。

「お前さんが経師屋(きょうじや)⑹の職人でまだ独り者だと聞いて……。神様がこの人を寄越してくれたんだと思った」

日高と経師屋の職人、又吉は夫婦の約束をする。ところが、又吉の長屋の大家が反対する。現代のアパート経営者とは違う。昔の大家は長屋の住人の生活全般の面倒を見た。堅気の職人が、惚れたの一字で遊女と結婚して不幸になった例を何度も見ている、と大家さんは言う。

「今はよくても、あとで泣きをみるのはお前じゃない。お前が惚れている女のほうだ」

そうして、遊女、日高の夢は消えた。吉原の年季の明けた日高は名を変え千住⑺に住み替えた。千住の遊女の部屋の引き出しには、熊野権現の起請誓紙(きしょうせいし)⑻の束。遊女は一枚とって、次に来る男のために筆を走らせる。「私こと、年季が明けたらお前様と夫婦に……」。

（1）張り店…遊廓で遊女が並んで客を待つシステム。客が外から見ることができる。
（2）狂歌…主に滑稽をテーマとした卑俗な短歌。
（3）都々逸…俗曲の一種。江戸末期から流行し今日まで唄われている、七七七五で綴られる短い曲。人情の機微を巧みに歌い込んだところが人気の理由だろう。
（4）間夫…遊女の情夫。
（5）二上がり新内…俗曲の一種。哀調を帯びた新内風の曲。本調子に対し二上がりの三味線で唄うところから、二上がり新内と呼ばれた。新作も作りやすく、多くある。
（6）経師屋…書画、屏風、襖などの表具をする職人。
（7）千住…現在の足立区。奥州街道一番目の宿場町。
（8）熊野権現の起請誓紙…熊野神社の神仏に誓いを立てて約束するための文書。

《年季が明けたら》

経師屋の又吉は吉原の遊女、日高から年季が明けるので夫婦になろうと言われ有頂天。しかし、大家さんに反対される。稲田・作、柳家喬太郎・口演の新作落語。遊女と堅気の複雑な恋の壁を描く。平成十二（二〇〇〇）年初演で、現在は演じられていない。令和元（二〇一九）年、このストーリーを原案に、小説「そんな夢をあともう少し」を執筆。

亡き妻を恋う
《反魂香(はんごんこう)》

晩秋のうすら寒い雨の宵。なんとももの悲しい時だ。

長屋に住む土手の道哲という僧侶が、そんな夜に鉦(かね)を叩いて経を読んでいる。

今にも幽霊でもでそうな気味の悪いロケーション。子供なんか便所に行かれず、寝小便を垂れそうな。

八五郎が怒って掛け合いに行く。


「どうして夜になると鉦叩くの？　少しは世間てえものに遠慮して欲しいね」

「これはお耳ざわりで申し訳ない。実は亡き妻の回向をいたしております」

これを聞いて八五郎、心に感じるところがある。八五郎の女房も三年前に亡くなっていたのだ。話を聞くに。道哲は元の名を島田重三郎。亡き妻というのは、吉原で全盛の高尾太夫。すえは夫婦と言い交わしたのだが、高尾太夫は仙台侯、つまり伊達家の殿様に身請け(1)されてしまう。しかし、重三郎に操を立てて仙台侯の心に従わなかった高尾は怒りを買い手討ちになったのだという。

高尾太夫というのは落語によくでてくる。

有名なのは《紺屋高尾》。高尾太夫に一目惚れした紺屋の職人と結ばれる（《幾代餅》と同工異話）。紺屋高尾は三代目で、仙台侯にお手討ちになったのは二代目。初代が相州高尾（今の高尾山）の美女谷出身で、「古来美女を産す」と言われ、小栗判官(2)の照手姫もこの地の出身だという。四代目が子持ち高尾、五代目が四条高尾、六代目が水谷高尾、七代目が足の指が六本あったので六指高尾……、ホントかね。とにかく代々、名妓として名を馳せている。

島田重三郎は高尾の想い人。それが証拠に、起請代わりに高尾より、反魂香という名香をもらっているのだという。

反魂香とは、死者の姿を煙の中に現わすことのできる霊力のある香。漢の孝武帝(3)

が反魂香を焚き亡き李夫人の面影を見たのだという。

重三郎が反魂香を焚いて見せるに、あら不思議、そこには死んだはずの高尾が姿を現わし、重三郎と高尾はしばしの逢瀬を過ごす。

これを見た八五郎、自分も死んだ女房に逢いたいと、重三郎に反魂香をわけてくれるよう頼むが、貴重な香で量も少ないのだと断わられてしまう。

江戸の人口比は男女では男性のほうが圧倒的に多かった。だから、妻帯するというのは並大抵のことではない。八五郎もやっとの思いで女房をもらったが、その女房が死んでしまったのだ。

三年の間、後妻を迎えなかったというのは、前妻への愛が深いというのもあるし、また新たに妻帯するのがタイヘンというのもあるのだろう。

いや、死別した相手とは二度と逢えないのだ。それゆえ美しい想い出しか残らない。何も相手が高尾でなくても、逢いたいという思いは同じであろう。

反魂香をゆずってもらえなかった八五郎は生薬屋[4]へ行く。勿論、反魂香は売ってない。反魂香と似たもので代用をと考え、越中富山の反魂丹を求めてくる。

反魂丹とは、胃腸薬の一種。魂を呼び戻すほどの妙薬の意味で広くもちいられたが、ただの薬である。霊を呼びだす力はない。これを焚いたので長屋は火事騒動になる。
八五郎の女房の名前は、お梶、お梅、お咲など演者によって異なる。

（1）身請け…金を払って芸妓や娼妓の身分から自由にしてあげること。
（2）小栗判官…日本古来の物語の登場人物。説経節などで伝承され、近年では市川猿之助のスーパー歌舞伎でもおなじみとなった。
（3）漢の孝武帝…紀元前一五六～紀元前八十七。中国、前漢七代皇帝。
（4）生薬屋…調剤していない漢方薬を売る店。

《反魂香》

八五郎の隣家の僧は元の名を島田重三郎といい、亡き妻は全盛の花魁だった高尾だという。高尾よりもらった反魂香を火にくべると、高尾の亡霊が現われる。八五郎も女房を亡くしていたので、反魂香をわけて欲しいと頼むが断わられてしまう。八代目三笑亭可楽が演じていた。もの悲しくもおかしい一席。

羅生門河岸の女

《お直し》

吉原は幕府公認の遊廓。いわゆる、公娼(1)だ。

元和三(一六一七)年というから幕府が開かれて十五年後には作られている。それだけ公娼に需要があった。

名前の由来は、最初に遊廓を作った庄司甚内(2)が駿河の吉原出身だったから。

場所は日本橋人形町。明暦の大火で焼失ののち、浅草田んぼに移転をした。そこが落語や時代劇の舞台となる吉原だ。

二万坪の敷地の周囲を幅二間の大きな溝で囲まれている。いわゆる城のような場所に、遊女屋や茶屋などが軒を連ねた。俗に遊女三千人御免の場所といわれ、きらびやかで賑やか。大名や大商人の社交場でもあった。一日に千両の金が落ちるともいわれた。

その吉原を舞台にした噺で、五代目古今亭志ん生(ここんていしんしょう)(3)が芸術選奨(4)文部大臣賞を受賞したという《お直し》。

元遊女と若い衆の夫婦がいた。吉原では男性従業員は若い衆と呼ばれ、遊女や芸妓以外の女性従業員は「おばさん」と呼ばれた。「おばさん」、俗にいう遣り手婆というやつ。この女は元遊女でおばさんになった。元遊女だから、遊女や客の隅々に気配りができる。夫婦で稼いだ。生活が楽になり余裕ができる。余裕ができると魔がさす。これが人間の性だ。

亭主が女遊び、博打。仕事を休み、銭を使う。ほうぼうに借金ができ、店もクビになる。そうなってはじめて気付く。

「目が覚めた」
「もう覚めても遅いよ」

「目が覚めた」って一言にホント重みがある。

亭主は再起を賭ける。羅生門河岸(5)に店を借りるというのだ。

表はきらびやかな吉原には、羅生門河岸、あるいは蹴転(けころ)ともいわれる所がある。客は二百文程度の安い銭で遊べるが、畳が二帖あるだけの部屋で、ただことにおよぶ。それだけの空間。華やかな吉原のもう一つの顔としてそんな場所もあったのだ。まともな客は行かない。そんな場所に行くのは、銭がないのにことにおよびたいだけの男か、あるいは酒に酔って迷い込んだ男くらいだ。

若い衆が片腕で客を引っ張り込む。羅生門で片腕を切り落とされた鬼みたいな若い衆が、そんな客たちを争奪する。だから、羅生門河岸という。

「お前さんに蹴転で商売ができるのかい」

「できるのかいって、やらなきゃしょうがないだろう」

「で、遊女はどうするんだい」

「遊女はお前がやるんだ」

「なんだい、私はお前さんの女房だよ」

最後の最後に人間はどう生きるかが問われる落語だ。

自分の女房を遊女にする。もうそれしか浮かび上がる方法がない。そこまで追い詰められた夫婦の苦渋の選択なのである。

こうなると女のほうが強い。諦めてしまえば、どうということはないのだ。

しかし、男は違うのだ。

「盗人するんじゃないよ。我慢してやろう」

と口では言うが、本音は違う。店をはじめたはいいが、亭主は客にいちいち焼き餅を焼くのである。

こんな夫婦に明日はあるのだろうか。

（1）公娼…幕府が認めた遊廓。江戸では吉原があった。

（2）庄司甚内…徳川家康に遊女町設立を嘆願した人物。一説に小田原北条氏に仕えた忍者であったとも言われている。

（3）五代目古今亭志ん生…明治二十三（一八九〇）年～昭和四十八（一九七三）年。落語家。なめくじの出るような長屋に住んだり、借金取りをごまかすために何度も改名したりというような極貧生活を経て、昭和十四（一九三九）年五代目古今亭志ん生を襲名。五十歳を過ぎた頃より、破天荒な人生模様が芸風に現われ、天性のおもしろさで人気を博した。独特のフレーズからかもし出される雰囲気は他の追従を許さない。演目の数の多さといい、実は努力家であったという説もある。長男は故金原亭馬生、次男は故古今亭志ん朝。

（4）芸術選奨…演劇、映画、音楽、舞踏、美術、古典芸能、大衆芸能、放送、評論の分野で顕著な活躍を見せた人物を文部科学大臣が表彰する賞。

（5）羅生門河岸…吉原の一角にある地域。最下層の遊女たちが営業していた。別名、蹴転。客を蹴り転がすところからその名がついた。

《お直し》

吉原で遊女と若い衆が恋に落ちた。店の計らいで二人は夫婦となり、やり手婆と若い衆として働くことになる。しかし、金ができると亭主が働かなくなり、たちまち借金生活。亭主は再起を賭けて羅生門河岸に店を出すが資金もなく遊女を雇えず、女房に遊女をやらせることになる。五代目古今亭志ん生が演じ、芸術選奨を受賞した。

武蔵坊弁慶

《男と女の小噺》

「弁慶と小町は馬鹿だ、なぁ、カカア」

五代目古今亭志ん生のマクラ、夫婦や色事がテーマのネタでたまにでてくる川柳(1)である。

詠んだのは長屋の亭主だ。カカアといたしながら、ふともらした一言が川柳となった。

弁慶は武蔵坊弁慶(2)。小町は小野小町のことだ。

小野小町は「へ」の章でのべた通り。己の美貌を驕り、深草少将はじめ求愛した貴公子をふり続け、最後は陸奥で髑髏となって屍をさらした。

一方の武蔵坊弁慶。若いころ、比叡山(3)の学僧となる。その後、京にて太刀千本を集めようと考え、五条橋で侍を襲い続けるが、九百九十九本集め、あと一本のところを牛若丸（のちの源義経(4)）に敗れてしまう。以来、義経の臣となる。そして、衣川の合戦(5)で討ち死にするまで義経に従った。


で、小町と弁慶が何故馬鹿か。

小町はその気位の高さから生涯男性と交わることがなかったという。

一方の弁慶も、一度も女性と交わることがなかった。

小町はわかる。今でもいるよ。ちょっとばかり美人だからって、高望みして結婚できない女性。少し前には三高(6)なんて流行語もあった。

でも弁慶はどうか。女性と交わることがなかったという根拠は何かって？

弁慶の行動見て、現代の三十代童貞の男性との共通点多いと思いません？

まず比叡山の学僧だった。ということは超エリートのガリ勉君だったわけだ。別にガリ勉君でも女性にもてる奴はいるわな。でも他にも要素はある。

太刀千本集めようとした。これはもうオタクだ。太刀コレクターのオタク。

そして弁慶が持っている七つ道具。道具へのこだわり。すなわち技術系だ。

ガリ勉でオタクで技術系。

童貞でもおかしくはないでしょう。

別の巷説では、弁慶には妻だか恋人だかがいた（俗説いろいろあり）が、その女性が死んでしまい、以後、女性との交わりを絶ったのだという話がある。で、死んだ妻だか恋人だかとは、一度きりしか交わっていなかった。童貞ではないがほぼ童貞という説である。

どんな理由にしろ、弁慶はその生涯のほとんどから、女、そして、恋というものを封印してしまった。そういう生き方もあるのかもしれない。

しかし、そんな弁慶や小町の生き方を、今、布団の上でくんずほぐれつしている江戸の夫婦は、馬鹿だと言い、亭主は女房に同意を求めるかのように、

「なぁ、カカア」

と呼びかけているのである。

呼びかけられたカカアはなんて応えるか。そんなのは知らないよ。

利口な二人だ。利口なりの言葉でない応え方があるんでしょう。

親が決めた夫婦か、好きあって一緒になったのかは知らないけどさ。自分たちの幸福を噛み締めながら古（いにしえ）の馬鹿たちにちょっと気配りしてみる。恋している男女の余裕であろう。

小町も弁慶も恋を封印するにはそれなりの理由があった。見栄やしがらみ、恋より大事な主従の契り、恋以上にやるべきことがあったのかもしれない。

でも馬鹿だ。自らの幸福を捨てる奴らは馬鹿なのである。

自由な江戸庶民は、自由に恋を楽しみ、くんずほぐれつするのである。なぁ、カカア。

（1）川柳…十七文字の短詩。俳句のように季語などの制約なく、人情、風俗、人間の弱さなどを詠む。

（2）武蔵坊弁慶…？～文治五（一一八九）年。源義経の臣。五条橋での義経との出会いをはじめ数々のエピソードがある。

（3）比叡山…京都府、滋賀県にまたがる霊山。最澄が天台宗の道場として延暦寺を開いた。以後、日蓮はじめ多くの僧侶がここで学んでいる。

（4）源義経…平治元（一一五九）年～文治五（一一八九）年。平安時代の武将。源頼朝の弟。平家を討伐するも、兄頼朝と不和になり、奥州衣川で討たれる。

（5）衣川の合戦…文治五（一一八九）年、源義経は奥州平泉の藤原泰衡を頼ったが、泰衡は義経を裏切り、衣川の館を攻め、義経一党を殺害した。このおり弁慶が仁王立ちして門をふさぎ、最後まで藤原軍から義経を守ったといわれている。

（6）三高…一九八〇年代後半の流行語。女性が結婚の条件として求めるもので、高学歴、高収入、高身長が掲げられた。

お江戸こぼればなし　漆——吉原細見

吉原は風俗に非ず

江戸の吉原を現代の風俗業と考えてはいけない。

今日の風俗業で金を払った客がサービスを受けられないなんていうことはまずない。ところが吉原の遊女は平気で客をふる。

「女は来たか」「来たけど、厠へ行くって出たっきり戻って来ないんだ。長い厠だ。あの女は丑歳か」。こんな場面は落語にもよくでてくる。《お見立て》という落語では、遊女は「死んだ」とまで嘘を言って嫌いな客の座敷にでないのである。

一方で、落語に限らず、浄瑠璃や江戸の戯作などでも、遊女と客との恋の話が多くあるのは何故か。「ふる」のもありだが「惚れる」のもありだった。

武士も庶民も日常の中での恋愛を禁じられた時代に、でもどこかで恋愛を楽しみたいという人間の欲求。それを満たしてくれる場所が吉原だった。吉原は擬似恋愛を楽しむ場所であった。だから、遊女は客をふるし、客に惚れたりもするし、年季が明けて晴れて夫婦になる者もいれば、どうにもならなきゃ心中だってするのである。ちなみに、遊女が客をふらなくなったのは明治の半ばごろかららしい。

お江戸こぼればなし　捌——吉原細見

吉原への道順

吉原へは次の三つの交通機関があった。

一つは舟。隅田川の下流、柳橋あたりの、《船徳》にでてくるような船宿で舟をあつらえる。で、隅田川をのぼって、山谷堀へ入る。今戸のあたりで舟を降り、俗に土手八丁と呼ばれる道を歩いて衣紋坂を下れば大門である。

もう一つは馬。浅草あたりには吉原通いの馬を引いた馬子がたくさんいたそうだ。ほら、浅草の松屋の脇の道を今でも馬道っていうでしょう。さんざん遊んで勘定が足りなくなると、客を連れて来た馬子に集金に行かせた、というのが《付き馬》のマクラででてくる。

最後が徒歩か駕籠。道順は馬とほぼ同じ。駕籠だと馬とは違い市中より乗って来られた。徒歩だと入谷のほうから田圃を通って来るというのもあった。尻をはしょって早足で直侍(なおざむらい)を気取るか。落語だと《唐茄子屋政談》で若旦那が田圃から吉原の灯を眺め物思いにふけるなんていう場面もある。

浦里と時次郎

《明烏(あけがらす)》

世間知らずの若旦那、時次郎は本ばかり読んでいる。実際の社会訓練ができていないことを嘆く父親が、町内の札付き(1)、源兵衛と多助に時次郎を吉原へ連れて行ってくれるよう頼む。

他人の銭で遊べるならお安い御用と源兵衛と多助は、

「ご利益のあるお稲荷様におこもりに行きましょう」

と時次郎を騙して吉原へ。

遊女と同衾(どうきん)などもってのほかという時次郎だが、さんざん源兵衛と多助に脅かされ、床の間のほうをむいたまんま、畳へ「の」の字を書きながら涙をポロポロ。

ここの花魁で年が十八歳、名は浦里。そういう若旦那ならでてみたいと、花魁のほうからお見立て。

昔の女は十八歳といえば大人の女だった。

どんなテクニックがあるのかは、落語では言わない。

いや、別にテクニックなんかじゃないよ。ほんのちょっとの優しさがあれば、男と女は自然とそうなる。

「その明日、ふられた奴が起こし番」

源兵衛と多助が浦里の部屋へ行くと時次郎は浦里と布団の中。

「結構なおこもりでした」

源兵衛と多助が「起きなさい」と言う。

「若旦那、お起きなさいませ」

「ねえ、花魁も起きろって言ってるんだ。若旦那、いい加減に起きたらどうです」

「花魁は口では起きろと言ってますが、布団の中で私の手をギュッと握って離さない」

落語《明烏》は八代目桂文楽[2]の名演が冴えたそうだ。

誰でも通って来た道を多少デフォルメして描く、それが落語の面白さ。

吉原なんて関係ない。普通のことでしょう。それが現代にも通じるから、今日でも多くの落語家が演じている。

《明烏》にはもう一つ話がある。そっちは新内[3]で語られている。主人公は名前は同じだがおそらく別人であろう、浦里と時次郎。

時次郎がちょくちょく浦里のもとへ通って来る。あんまり金を使いすぎるから、店側が心配する。お店の奉公人なら、いずれは店の金を使い込む。若旦那なら親から勘当だ。

客の懐を店が心配してくれるのか。いや、料金をとりっぱぐれたら困る、金に困って心中でもされたら一大事ということだ。

客が遊女に惚れるのはいい。遊女が客に惚れちゃうのは、店側としては困るのだ。でも、男と女だからねえ。はじめは情、それが恋になり、愛になる、なんていうことはこの里でもないことではない。

店は時次郎をボコボコにして追い出し、浦里を雪の中、庭に縛り折檻する。

「好いた男にわしゃ命でも、なんの惜しかろぞ露の身の」

新内と落語の《明烏》は登場人物の名前以外はまったくの別話。そこらへんのところは、『噺の種明かし』（岩波書店）で故・中込重明（なかごみしげあき）[4]が検証してくれた。

しかし、落語と新内の《明烏》の雰囲気はよく似ている。情で優しく時次郎を導いた落語の浦里と、惚れて惚れて離れられなくなり、時次郎が助けに来てくれることを夢見ている新内の浦里が、心情的に似ているのである。

あと、もう一つくらい共通点をあげるとすれば、「縛る」というキーワード、かな。

（1）町内の札付き…世間に知れ渡っている悪い奴のこと。札に「悪」とでも書いてぶらさがっているかのように、そいつらの悪事は誰でも知っているという意味。

（2）八代目桂文楽…明治二十五（一八九二）年〜昭和四十六（一九七一）年。落語家。大正九（一九二〇）年、八代目桂文楽を襲名。ネタ数は少ないが洗練された至極の芸を聞かせ人気を博した。五代目古今亭志ん生とともに、戦後落語黄金期の一翼をになった名人。《明烏》などを得意とした。

（3）新内…浄瑠璃の一流派。豊後節系。中棹の高低二丁の伴奏三味線を用いる。口説きに力が置かれ、独特の節を用い哀愁味があるのが特長。

（4）中込重明…昭和四十（一九六五）年〜平成十六（二〇〇四）年。近世文学研究家。落語、講談などに造詣が深く、その謎をしつっこく追い解き明かしていた。三十九歳の若さで亡くなったことが惜しまれる。

《明烏》

堅物で世間知らずの若旦那、時次郎を、町内の札付き源兵衛と多助が「お稲荷さん」と偽って吉原へ連れて行く。そこが稲荷ではないと知った時次郎の狼狽と、花魁の布団で一夜を明かした後の対比が聞かせどころ。八代目桂文楽の十八番だった。現在でも演じる落語家の多い噺。

一盗(いっとう)、二卑、三妓、四娼、五妻

《あげてのすえの》

「一盗、二卑、三妓、四娼、五妻」

男性が色事を楽しむ相手の順位を言うんだそうだ。

「一盗」というのは盗む色事。つまり、他人の女房との情事だ。スリルがあるからいいのか。他人の女房を頂いちまう優越感か。いや逆に、情事の間は自分の女だが、情事が終れば亭主のもとへ帰って行く女を見送る、その時の空しさがマゾヒスティックな感情を抱かせるのがいいのかもしれない。

「二卑」は、家で雇っている下女端女との情事。「卑」だとか「下女端女」なんて差別用語だと怒られそうだが、封建時代の表現だから、お許しあれ。

「三妓」は芸者、「四娼」は娼婦。

最後が「五妻」って、自分の奥さんとの情事がいちばんつまんないと言っている。

面白いねえ。「一盗」の人妻はその亭主にしてみれば「五妻」で、自分にとっての「五妻」が他人から見たら「一盗」になる。

そんな話はともかく、ここでは二番目。「卑」の情事をとりあげる。

拙作で《あげてのすえの》。大店の主人、近江屋吉兵衛はふとした迷いから店の女中およしと深い仲になってしまう。

キーワードは「ふとした迷い」だね。男はよく迷う。人生に迷い、道に迷うのが男だ。迷いながらいろいろな路地を歩いて見聞を広げる。入らなくてもいい店に入って、酒飲んで世辞言われて、また迷う。吉兵衛はいちばん手近なところで迷った。

下女端女との情事は何がいいのか？　家の中で秘密を持つことが面白いのか。手軽な情事。飽きたら金でもやって因果を含めて黙らせる。しかし、実際はどうか。

「女、氏なくして玉の輿に乗る」という諺がある。

三代将軍徳川家光(1)は、風呂焚きの下女お玉と情事に及んだ。下女のお玉がのちの五代綱吉(2)の御生母、桂昌院(3)だ。あーっ、家光公も迷ったんだ。

商家でも武家でも、下女は行儀見習いに来ている中間層の子女が多い。若旦那が手でも付けようものなら玉の輿、金で黙らせるとしても、それなりの金額が必要。手軽な情事ではない。

主人と下女、絶対的な支配関係を持つことが楽しいのか？　しかし、秘密を共有したところで、絶対的な支配関係は崩壊する。男と女はそういうものだ。秘密を持った時、失うものが大きいほうが弱い立場になる。

「私だってこれだけの店の主人。どうだろう。およしに家の一軒も持たせてやって、近江屋の妾ということにすれば、およしの親だって納得するんじゃないかねえ」

近江屋の提案は内儀に却下される。内儀にしてみれば、下女になんか手をだした夫が恥にしか思えない。妾にするなんぞはとんでもない。この恥は外へは漏らせない。およしに持参金をつけて、奉公人か、誰か口の堅い者の嫁に出してしまおうと言う。

ほら高くついたよ。

しかも、近江屋吉兵衛は幇間（ほうかん）(4)の一八にこう愚痴る。

「笑ってくれ。私はね、およしが他の誰かと幸福になるのが許せないんだ」

嫌な奴だねえ。

一八もそう思った。しかし、一八の頭には「持参金をつけて」という言葉が引っかかった。こうして、およしを巡る、吉兵衛と一八、それに持参金のもう一つの物語となる。最初の情事は迷いだった。その迷いに気付けば、いくらかの授業料を払っておしまいだが、吉兵衛は迷い続け、およしにのめり込んでゆく。

下女端女との情事がいいというわけではない。下女端女の中には、まれに男を迷わす女がいたという話か。

（1）徳川家光…慶長九（一六〇四）年～慶安四（一六五一）年。徳川幕府三代将軍。幕藩体制を確立させた。

（2）（徳川）綱吉…正保三（一六四六）年～宝永六（一七〇九）年。徳川幕府五代将軍。江戸時代の円熟期に将軍職にあり、文治政治に務めた。「生類憐れみの令」なる悪法を出したため犬公方と揶揄される。

（3）桂昌院…寛永四（一六二七）年～宝永二（一七〇五）年。三代将軍徳川家光の側室、五代将軍綱吉の母。

出生は八百屋の娘、西陣織屋の娘など諸説ある。元禄十四（一七〇一）年、女性最高位の従一位の官位を賜った。

（4）幇間…座敷のとりもちをする男性の芸人。男芸者。宴席を仕切る幹事役から、場のとりもち、遊山などの供と、客と密接で重要な役割を担った。

《あげてのすえの》

近江屋の主人、吉兵衛は奉公人のおよしと関係を結んだことを内儀に叱責され、およしを持参金付で嫁に出すこととなる。幇間の一八に愚痴をこぼすに、一八は持参金目当てで、およしを形だけ自分の女房にして、吉兵衛には「いつでも逢いにくればいいじゃないか」と提案する。稲田・作、柳家喬太郎・口演による江戸風新作落語。平成十四（二〇〇二）年初演で、現在は演じられていない。

野に屍を晒していた女

《野ざらし》《湯屋番》

釣り好きの浪人、尾形清十郎が向島の野に屍をさらしていた人骨に回向をした。その夜、年のころ十七、八の美女が回向の恩返しに訪れた。

隣家の八五郎がその様子を知り、尾形に訊ねる。

「その人骨ってえのは向島に行くとまだありますか?」

自分も人骨を回向し、美女の恩返しを期待しようという。ナンパに成功した友達から、ナンパスポットを聞いて自分も行ってみようという、そういうノリだ。

しかし、相手は普通の女ではないよ。人骨。骨だけ。死んだ女だ。

《牡丹燈籠》の萩原新三郎は夜毎訪ね来るお露が幽霊だと知り怖くなり戸口にお札を貼った。

八五郎は怖くないのかね。

いい女が訪ねて来るんだ。生きていようが死んでいようが構うものか。

「生きてたって化け物みてえな女はいくらもいらぁ」っていうギャグはこの落語ではないが、印象的なフレーズだ。

八五郎、あまりいい恋愛環境にいない。

向島へ来る。晴天だから、釣り人がでている。

「随分人がでているよ。こいつら皆、骨釣りに来たのか。子供までいやがる。ませた餓鬼だねえ。あとから来たからって負けねえからな、先に骨は釣っちゃうぞ、こん畜生め」

八五郎は彼らが骨を釣りに来た、つまりナンパ目的だと勘違いする。

もっとも「釣り」の意味は魚釣りだけではない。ナンパの意味もある。

狂言(1)や歌舞伎舞踊にある「釣り女」(2)。大名が美女を釣り上げ、太郎冠者(たろうかじゃ)(3)は醜女を釣り上げて二組のカップルができて、めでたしめでたしという祝狂言。

ナンパではないが、太公望(たいこうぼう)(4)は釣りの真似をして周の文王(ぶんおう)(5)の歓心を買い軍師となった。

とはいえ、昼日中、川に釣り糸を垂らしている人たちにナンパ目的はいない。

「先生のところに来た女はちょいと若過ぎるね。俺は年増がいいよ。二十七、八、三十でこぼこ。色は年増にとどめさすっていうからな」

《野ざらし》はじめ《湯屋番(ゆやばん)》《たらちね》など、落語には妄想ネタがいくつかある。八五郎の妄想は、乙な年増が訪ねて来て、つねられたり、くすぐられたりする。妄想はどんどんエスカレートする。

「ツネツネツネツネツネ、痛い痛い痛い痛い。コチョコチョくすぐったい、くすぐったい。ワーッ」

「ちょっと静かにしてもらえませんかなぁ」

騒々しいので隣の釣り人が注意をするが、その返事がいい。

「やくな」

やいてるわけじゃない。魚釣ってる横で大騒ぎされて迷惑なだけだ。

人骨、烏、回向、手向け、幽霊……、キーワードだけ拾うと暗い噺みたいだが、《野ざらし》という噺は明るく陽気だ。

江戸時代に元禅僧の二代目林屋正蔵[6]が作ったという抹香臭い噺を、明治になって、ステテコ踊りで活躍した初代三遊亭圓遊[7]が明るく陽気な噺に改作したという。昭和三十年代は、三代目春風亭柳好[8]のうたうような調子の名演が客席を魅了した。

多くの演者が明るく陽気に客席を沸かせる噺だが、その原動力は八五郎の「恋をしたい」という妄想から起こるものだろう。

恋は人間を、そして噺をも明るく陽気に変えてしまうものらしい。

（1）狂言…古典演劇の一つ。簡素な科白劇で滑稽味がある。

（2）釣り女…狂言『釣針』を原作にした歌舞伎舞踊。

（3）太郎冠者…狂言の役名。大名に対する従者の一人。

（4）太公望…紀元前十一世紀頃の人物。周の文王、武王に軍師として仕え、殷を滅ぼした。「封神演義」では崑崙の仙人。釣り糸を垂れていたところを「祖父（太公）の望まれた人物」として文王にスカウトされたところから、太公望と呼ばれた。この伝説は江戸でも知られていて、一般に釣り好きの人を「太公望」ともいう。

（5）周の文王…紀元前十一世紀の中国王朝、周の始祖、武王の父。殷の諸侯の一人であったが、暴君紂王に対し、太公望を軍師に戦いを挑んだ。

（6）二代目林屋正蔵…江戸時代の落語家。元僧侶で《こんにゃく問答》《野ざらし》の作者といわれている。

（7）初代三遊亭圓遊…嘉永三（一八五〇）年～明治四十（一九〇七）年。明治時代の落語家。圓朝門下で、「鼻の圓遊」と呼ばれた。ステテコ踊りで人気を得た他、江戸落語を多く改作し、《野ざらし》《船徳》などを爆笑落語に仕立てた。

（8）三代目春風亭柳好…明治二十（一八八七）年～昭和三十一（一九五六）年。落語家。リズミカルでうたうような調子で演じる《野ざらし》や《蝦蟇の油》で人気を博した。

《野ざらし》

尾形清十郎という浪人が向島へ釣りに行ったおり、草むらの中で人骨を見付け丁寧に回向をしたところ、深夜、人骨が年頃十七、八の美女となって礼に来る。この様子を見た隣家の八五郎、相手が幽霊でも夜中に美人に訪ねて来て欲しいものだと向島へ骨を釣りにでかける。八五郎の破天荒な妄想が楽しいおなじみの一席。三代目春風亭柳好が得意とした。

《湯屋番》

勘当されて出入りの職人の居候をしている若旦那がお湯屋（銭湯）に奉公する。憧れの番台に座るも、女湯には誰もいない。仕方がないので、女湯に来る美女と色っぽい関係になる妄想をはじめる。のう天気ぶりが突き抜けて痛快な一席。若旦那ネタの極めつけ。

男の都合と醜女の恋

《持参金(じさんきん)》

男は家で金が届けられるのを待っていた。

男は友達に十両借りていた。朝方、友達が来て、急に金が入用だから十両すぐに返せと言われた。男は困った。十両は大金。右から左にどうにかなる金額ではない。

友達は夕方に取りに来るからその時までになんとかしてくれと言い残して帰る。

どうしようかと思案しているところへ、今度は大家さんが来た。嫁を世話するというのだが、男はそれどころではない。

しかも相手の女というのが、

「背がスラッと低いんだな。で、色が抜けるように黒い。目が金壺眼(かなつぼまなこ)(1)で、鼻が鷲鼻、口が鰐口で、鳩胸で出尻っていうんだが、お前、もらうか」

あきれている男に大家さんはさらに続ける。

「この女に一つ疵があるんだが」

「傷だらけの人生」みたいな女に、さらに疵がある。
このうえ、どんな疵があるというのだ。
なんと女は妊娠していた。

「まぁ、そんな女だからな、持参金の十両もつけようっていうんだが、お前、どうだい」

大家さんの言った最後の一言に男は心を動かされる。
あーっ、これで友達に十両返せる。
大家さんは夕方に持参金の十両を持ってくると言い帰る。

女は名をおなべといい、さる大店の女中。店の番頭といい仲になり逢瀬を重ね、とうとう腹に子ができた。番頭は急に心変わり。女中との関係がバレたら、店をクビになりかねない。そこで十両の持参金で誰かに押し付けてしまおうというのだ。

夕方、大家さんが来る前に友達が来る。

金の算段はついているというと、友達は安心して、恥を話すようだがと、十両の入用の理由を語り出す。

なんと、おなべの腹の子の父親は友達だった。

付き合い酒を飲まされて気分が悪い時に、おなべが介抱してくれた。その時に情が移って何度か関係を結んだという。

「あんな女でも、持参金の十両もつければどっかの馬鹿が引き受けてくれるかもしれない。いくらなんでもそんな馬鹿はいないだろうと思ったら、そんな馬鹿がいたっていうんだよ」

「あーっ。その馬鹿は俺だ」

結局、男はおなべを嫁にもらうこととなり、万事まるく収まる。

十両の金は現金がないまま、二人の間をまわっただけだ。

しかし、これでいいのか？

この落語の中には、おなべの心情は描かれていない。

落語だから。この話の主眼は、ない現金が動くというのが面白いわけだが、それでは納得できない人もいるだろう。

おなべは大店の番頭をつかまえて玉の輿に乗ろうと考えたわけではあるまい。

すべては情のなせるわざだ。おなべは情に流され、その情を番頭は利用した。

番頭はおなべに恋はしていないし、そのことをおなべも多分知っていたのだろう。何せその容姿だから。己の容姿を知り、おなべもまた流れに身をまかせていたのかもしれない。

金と一緒に、情というのもまた流れ動くものなのかもしれない。

（1）金壺眼…くぼんでいて丸い眼。

《持参金》

友達から急に金がいるので貸していた十両を返せと言われた男、金のあてなどないと困っているところへ大家さんが来て、十両の持参金付で妊娠している醜女を嫁にもらわないかという。醜女を妊娠させたのは友達で、急に必要な金とは持参金にする十両だった。実際の金がないのに、金が動くという。ちょっとした経済落語。

黒潮を超えた恋

《大坂屋花鳥（おおさかやかちょう）》

八丈島。行政上は東京都だが、本土から南へ二百八十七キロ離れた太平洋上の島だ。現在でも行くには船で十時間かかる、はるか南海の孤島である。

江戸時代は多くの罪人が遠島刑でこの島に流された。

そんな八丈島から脱獄をした者たちがいた。

佐原（さわら）の喜三郎（きさぶろう）という元侠客(1)と、花鳥（かちょう）という元遊女と数人の仲間が、八丈島から小舟で黒潮を越えて常陸の浜にたどり着いたのは、天保九（一八三八）年であったという。

実際、何人もの流人が脱獄を試みたが、多くは黒潮のため島に押し流され捕縛された。成功したのは喜三郎らだけであった。

何故、そんな大脱走が可能だったのか。

喜三郎は侠客であったが学究肌であった。喜三郎に潮の流れを読むスキルがあったのは、同郷の地理学者、伊能忠敬(いのうただたか)(2)となんらかの関わりがあったとする説もある。

《大坂屋花鳥》は、三遊亭圓朝(さんゆうていえんちょう)と同じ時代を生きた談州楼燕枝(だんしゅうろうえんし)(3)が語った。その後、しばらくは演じ手がいなかったが、昭和四十年代、《大坂屋花鳥》と《お富与三郎(とみよさぶろう)》の速記本を所持していた永井啓夫(ながいひろお)(4)が十代目金原亭馬生(きんげんていばしょう)(5)にすすめ、上演したのだという。

（永井啓夫『日本芸能行方不明』新しい芸能研究室、一九八七年）

馬生の《大坂屋花鳥》には佐原の喜三郎は登場しない。

梅津長門という四百石の旗本が吉原、大坂屋の遊女・花鳥とわりない仲になった。長門は連日連夜、花鳥のもとへ通い続けた。四百石の知行米とて、底をつく。吉原というところは金のある人間はちやほやしてくれるが、金のない者は鼻にもかけない。

金を使い果たした長門は、花鳥に逢いたいという思いから辻斬りをして二百両の金を奪い、吉原へ。長門が辻斬り犯であることはすぐに露見し、捕吏(ほり)が吉原を包囲する。

「二人じゃとても逃げられない。お前さん一人で逃げとくれ」

この時、花鳥は長門に脇差を渡し、行灯を倒して火を放つ。長門が丸腰だと思って踏み込んだ捕吏を斬り倒し、長門は紅蓮の炎に包まれる吉原から逃げ去る。

馬生は《島千鳥（しまちどり）》の抜き読みといって、ここまでを演じていた。人を殺してでも花鳥に逢いたい長門、その長門を逃がすために自らを犠牲にして吉原に火を放った花鳥。恋に迷った馬鹿な男と、馬鹿な男のために破綻する女、馬鹿な男女の馬鹿ゆえの悲恋話。花鳥は紅蓮の炎に包まれ死んだようにも聞こえる。馬鹿な男のために死ぬ薄幸の少女。馬生にとっての《大坂屋花鳥》はここまでで十分な物語だったのかもしれない。

時に花鳥十五歳。花鳥は捕らわれ、八丈島に遠島となる。そして、佐原の喜三郎と出会い、恋に落ちる。

噺では喜三郎と花鳥はもともとのなじみで、花鳥が長門に惚れたのは、長門の面差しが喜三郎に似ていたからだという。

流人の生活はどういうものか。現在の刑務所とは事情が異なる。

同じ流人でも、佐渡島などでは金山の水汲み人足などの重労働をさせられる。一方の八丈島や三宅島は重労働はない。流人小屋に住み、比較的自由に生活ができた。佐渡島は強盗や人殺しが流されたのに対し、八丈島は政治犯が多かったというのもある。

島民の農業や漁業を手伝ったり、また、政治犯には教養人、文化人も多かったことから、寺子屋で読み書きを教えたり、遊芸の師匠になったりして生活する者もいた。佐原の喜三郎は侠客でもあったが、困窮に苦しむ農民のために一揆のリーダーとなり捕縛された政治犯だったようだ。

喜三郎の脱獄には何か政治的な意味も考えられなくはない。そして花鳥は、今度は利口な男のために命を賭して黒潮を越える道行の連れとなった。

(1) 侠客…強きをくじき、弱きを助ける任侠の徒。
(2) 伊能忠敬…延享二（一七四五）年～文政元（一八一八）年。地理学者。五十歳で地理学者を志し、高橋至時に入門。西洋暦と測量術を学び、全国を測量し日本初の「沿岸地図」を作った。
(3) 談州楼燕枝…天保八（一八三七）年～明治三十三（一九〇〇）年。幕末から明治に活躍した落語家。初代春風亭柳枝門下で、柳派の頭取となる。三遊派の頭取、三遊亭圓朝とはライバルであった。

（4）永井啓夫…昭和二(一九二七)年～平成十八(二〇〇六)年。近世文学、芸能研究者。正岡容の門下で、芸能研究の他、舞踊台本などを正岡から引き継いだ。著書『三遊亭円朝』『寺門静軒』『日本芸能行方不明』など。新内「広重八景」、長唄舞踊曲「寄席百景」「駿河風流」など。著者の師である。

（5）十代目金原亭馬生…昭和三（一九二八）年～昭和五十七（一九八二）年。落語家。五代目古今亭志ん生の長男で、故古今亭志ん朝の兄、女優の池波志乃の父でもある。父の満州慰問中に落語家となり苦労をするも、昭和二十四（一九四九）年、十代目金原亭馬生を襲名。じっくり語る人情噺に味がある一方、寄席などで演じる軽いネタにもおかし味があり、江戸前の味わい深い高座を見せていた。

《大坂屋花鳥》

吉原、大坂屋の花鳥は辻斬り犯の梅津長門を逃がすために吉原に火を放つ。花鳥は捕われ八丈島に遠島となる。そこで、元侠客の佐原の喜三郎と逢い、喜三郎、花鳥らは八丈島を脱獄する。スケールの大きな人情噺。永井啓夫が所持していた速記を十代目金原亭馬生にすすめて演じたそうだ。現在は、むかし家今松が口演。

柳田きぬ

《柳田格之進(やなぎだかくのしん)》

井伊家の元留守居役(1)で浪人の柳田格之進。とにかく清廉の人で曲がったことが大嫌い。

牛の角が曲がっているのを見て悔しがった、というのは五代目古今亭志ん生(ここんていしんしょう)のクスグリ。

柳田が囲碁の友で豪商の萬屋源兵衛方に招かれた際、萬屋方で五十両が紛失した。番頭の徳兵衛は柳田を疑った。

清廉の人であるから柳田は疑われただけでも許せない。疑われたのは、金持ちの萬屋方へ行った自分にも否があると、柳田は切腹しようとする。切腹することで身の証を示そうとしたのだ。

「先は町人でございます。柳田は盗んだ金が返せず自害したと思うでしょう。それでは武士としての道が立ちません」

と言ったのは、柳田の娘、きぬだ。

きぬは自身の身を吉原に売り五十両を作る。そして、

「盗らぬ金なら、のちに必ず出ましょう。その時に、萬屋源兵衛、番頭徳兵衛を首にして武士道をお立てください」

凄い娘だね。

これが武家の女の考え方。父の名誉のためには泥水だって飲む。その代わり、泥水飲ませた相手は首を斬れ。

「そら出てきますれば、私のこんな首でよければ差し上げますよ」

また、番頭の徳兵衛という奴がお調子者だ。軽いのなんの。

「それに相違ないな」

「ええ。主人源兵衛の首と二つ並べて差し上げますよ」

徳兵衛は柳田が盗んだに違いないと思っているから、万事この調子だ。年の暮れに額の裏から金がでる。

結局、柳田は源兵衛、徳兵衛の首は打たない。打ってりゃ噺にならないか。事情を知った萬屋源兵衛はきぬを身請けする。

しかし、親の名誉のためとはいえ一度苦界(2)に身を沈めたきぬは柳田の家に戻ることはできない。

で、どうしたか。きぬは萬屋の養女となり、のちに徳兵衛と結ばれる。きぬ、徳兵衛の間に産まれた子が柳田家の養子となって家名を継ぐ。めでたしめでたし。

えええええっ？

すべては徳兵衛の早とちりと思い込み。うっかり野郎の軽薄な言動が招いたことだ。そのために、きぬは苦界に身を沈めた。

きぬと徳兵衛が結ばれたのは、徳兵衛の贖罪か。

柳田が二人を斬ろうとした時、源兵衛と徳兵衛は互いをかばいあった。すべては主人である自分に責任がある、と言う源兵衛に、柳田を疑ったのは自分の独断であると言い主人の命乞いをする徳兵衛。柳田が徳兵衛の忠義に感じ入ったわけでもない。武士の忠義と町人の忠義は違う。

柳田は多分はじめから首を斬る気はなかったろう。二人を斬ったところで、娘の恥辱が晴れるわけではないからだ。そうまでして、我ら父娘が武士道を貫いた、ということがわかればいい。相手が武士なら斬っていた。しかし、相手は町人である。町人に武士の理屈を押し付けるほど、柳田は愚かではない。

きぬと徳兵衛が結ばれる話は落語家のハッピーエンドにしたいという思いの創作だろう。もし、きぬと徳兵衛が結ばれたとしたら、そこには多分、このあとに別の物語があったということだ。

（1）留守居役…武士の役職。江戸や京都に在し、藩主の留守に事務や他家との交際を代行した。
（2）苦界…遊女の世界。

《柳田格之進》

元井伊家の留守居役だった柳田格之進は清廉過ぎるゆえ中傷され浪人となった。豪商の萬屋源兵衛方へ碁を打ちに行った日に、萬屋で五十両の金が紛失した。番頭の徳兵衛は柳田を疑う。疑われたことを不名誉と思った柳田は、娘を吉原へ売り五十両を徳兵衛に渡し、金が出たおりには源兵衛、徳兵衛の首を討つと告げ姿を消す。武士道をテーマにした講談ネタ。どういうわけか、最後は柳田の娘と徳兵衛が結ばれてハッピーエンド？

舞い上がる八五郎

《なめる》

「女氏なくして玉の輿(1)に乗る、男氏なくして玉の汗をかく」

なんていう諺が落語の中にでてくる。

女性は美貌と教養に磨きをかければ、権力者や金持ちに見初められて、奥様やお妾さんになることができた。男はそうはいかない。

「氏なくして」庶民に生まれたら、一生汗を流して働かなければならない、という意味だ。

しかし、夢を捨てないのが落語の世界。ごくわずかであるが、長屋の八つぁん、熊さんが、深窓の令嬢(2)に見初められる落語がある。

まぁ、たいていは夢だったり、あるいは騙されて酷い目にあうというお約束の話となる。

《なめる》という落語では、芝居見物に行った八五郎がどこぞのお嬢様に見初められる。別邸のような屋敷に連れていかれて有頂天になる八五郎。

お嬢様から「頼みごとがある」と言われた八五郎は、

「できることはなんでもいたします。できないことは駄目ですよ。目で漬物を噛めとか。へへへ、なんでも言っておくんなさい。あっしにできることならなんでもいたしますよ。仮にお嬢様が命をくれとおっしゃったら、喜んで差し上げます」

馬鹿は調子に乗って言うんだ。まさかお嬢様が「命をくれ」とは言わないと思って。お嬢様は自分の病を治すために男を騙していた。四歳上の男に腫物をなめさせれば病が治ると占い師に言われた。で、世間慣れした女中がお嬢様を芝居に連れ出し、どっかに四歳上の馬鹿はいないかと物色して、網に引っかかったのが八五郎だ。

かくてお嬢様の病は全快、腫物をなめさせられた八五郎は、

「全身に毒がまわって七日とはもたない。可哀想な馬鹿野郎」

言われて八五郎は目をまわす。

落語はオチがついて終わりだから、このあとどうなったかはわからないが、多分、八五郎は命をなくすことはあるまい。そう願いたいのは、八五郎がなんとも憎めないからだ。

八五郎は逆玉狙いの欲づくでお嬢様に近付いたわけではない。むしろ罠にかけられた。で、ただただ舞い上がってしまっただけだ。

病があるとみえて色の白いところへいくらか青味がかって、なんとも綺麗なこと。

令嬢は病がかって美しいものと相場が決まっている。健康美なんていうのは近代的な価値観だ。

このお嬢様は腫物で病に苦しんでいた。病っていうのがミステリアス。令嬢はすべからくミステリアスな魅力も秘めているところへ病という付加価値がつく。

令嬢やお姫様なんて、そんじょそこらをピョコピョコ歩いてない。庶民の男がどうしたって出会えるものではないのだ。普段縁のない美女と接点を持てば、誰だって舞い上がる。それは成就しない恋だとわかっていてもだ。

男って馬鹿だよね。未知のものとか、ミステリアスなものに憧れるんだ。非日常な美への憧れ。

花魁なら、銭と誠意で頑張ればいい。令嬢はどうやって口説いたらいいかわからないところも魅力なのだろう。つまるところは、命がけの献身しかなかろう。そうする男を馬鹿と笑えるのか。西洋なら騎士道精神(3)で賞賛されるのにねえ。いや、騎士道もピントがはずれれば『ドン・キホーテ』(4)か。

(1)玉の輿…貴人の用いる輿の美称。主に高貴な女性が乗る輿を言ったところから、身分の低い女性が出世することを「女氏なくして玉の輿に乗る」と言う。
(2)深窓の令嬢…世のけがれに染まっていない女性のこと。
(3)騎士道精神…中世ヨーロッパの武人たちがよりどころとした行動規範。キリスト教の影響が大きく、勇気、敬神、任侠、礼節、廉恥、名誉を重んじた。また、貴婦人への献身、崇拝、奉仕も重要で、多くの物語に取り上げられている。
(4)ドン・キホーテ…スペインの作家、ミゲル・デ・セルバンテスの小説。騎士に憧れるドン・キホーテが痩せ馬ロシナンテに跨り旅に出るという話。ドラゴンだと思い込み風車と戦うシーンなどが有名。

《なめる》

芝居見物に行った男が、お嬢様に見初められる。これが実は罠。お嬢様は乳の下に腫れ物ができ、四歳年上の男になめさせると腫れ物が治ると占い師に言われたのだ。六代目三遊亭圓生が演じていた。艶笑噺で、今は演じる人も少ない。

お江戸こぼればなし　玖――吉原細見

悲哀と歓喜のまわし部屋

吉原にもいろいろな遊びがあるが、落語によくでてくるのがまわし部屋。

遊女は一晩に何人もの客を取る。複数の客の相手をすることを「まわしを取る」といい、客はまわし部屋と呼ばれる場所に通されて遊女が来るのを待つ。

まわし部屋で、遊女が来るのをただただ待つ男たちを描いた落語が《五人まわし》。

遊女が来たら、「あーもしよう、こーもしよう」とバラ色の妄想に浸っていられるのは何時間くらいまでだろうか。いつまで経っても遊女は来ない。そんなところで男のやることは、天井と壁をただ交互に見つめている以外特にない。壁にはくだらない落書きがしてあったりする。

「この店は牛と狐の泣き別れモーコンコン」。

情けなくなる。でもそうまでして、まわし部屋に何か楽しいことはあるのか。

遊女は来ないわけじゃない。ようは遊女に気に入られればいいのである。他に何人も客が待っているのに、遊女が自分のところから離れなかったら。それはすなわち、遊女が自分に惚れている証しになる。遊女買いは、他の男たちとの「もてる」を競うゲームでもあったのだ。

お江戸こぼればなし　拾

間夫になれば

——吉原細見

「冷やかし千人客百人、間夫は十人恋一人」

なんていう文句が、六代目三遊亭圓生の廓噺の中にでてくる。

冷やかしっていうのは、吉原に来て、何もしないで、ぶらぶら歩いている見学の人たち。着飾った花魁を遠くから眺めているだけでも、それはそれで楽しい。だいいち銭がかからない。ある意味いちばん利口な遊びともいえる。

その冷やかしが千人で、実際に店に上がる客はその十分の一の百人ということだ。

さらに間夫。遊女が惚れている特別な客のことを間夫といった。ところがその間夫も、遊女によって違うだろうが、だいたい十人くらいはいたということだ。

俺は間夫だ、と思っていても、そんな間夫は他に九人はいる。

バブル経済以降の女性には、本命の彼氏以外に、二人、三人の男性と付き合い、キープ君だなんていう流行語にもなった。キープ君だって好きなのである。この女性の心情はまさに現代女性の花魁化といえるかもしれない。で、間夫は十人でも、恋は一人。遊女も本命は一人ってことだ。

袈裟の貞操

《袈裟御前》

俗にいう三角関係ってやつだ。

話はどういう内容ではない。いたって単純。

袈裟御前(1)という美女がいた。これに遠藤盛遠(2)という武士が惚れた。しかし、袈裟御前には渡辺亘(3)という夫がいた。

どうするか。

選択肢は三つ。諦める、夫に内緒で関係を結ぶ、夫を殺して袈裟を我が物にする。

盛遠に諦める気はないようだ。惚れちまったんだからね、しょうがないや。夫に内緒で関係を結ぶことは袈裟に拒まれた。

袈裟が拒まなくても、こそこそ関係を結べる性格じゃないよ、盛遠は。のちに出家して文覚（もんがく）となるんだけど、伊豆に流されていた源頼朝（みなもとのよりとも）（4）に平家討伐の挙兵をすすめたくらい、激しいんだ。戦う男だ。

そんな男に袈裟御前は言う。

「今夜、寝所に忍んで来て、夫を殺してください」

火に油注ぐようなこと言ったね。

こらもう、殺すしかないでしょう。

で、忍んで行く。手ごたえあり。渡辺亘を斬ったと思ったら、そこには血まみれの袈裟御前。

袈裟は夫の命と己の貞操を守るために、自らの命を捨てた。

盛遠は無常を感じ出家し文覚となる、というのがストーリー。

落語はちょっと違う。

盛遠が斬ると、袈裟も亘も死なない。刀にべっとり米粒がついていて、真っ二つになったお櫃（ひつ）（5）がある。

「しまった、今朝の御膳だ」

くだらねえ。

落語は袈裟の貞操を否定するのかね。

多分、否定してるんでしょう。つまり、たかが貞操のために、命なんか捨てちゃいけない、って言ってるんだと。ここからは私の勝手な解釈。

盛遠が夫を殺すと言ったのなら、あとは夫に任せりゃいい。武士なんだから。果し合いでもなんでもすりゃいい。果し合いで勝てないなら、その程度の武士ということだ。武士なんか辞めて、袈裟と一緒に逃げればいい。

落語は江戸庶民の感覚で語る。登場人物が平安の人たちでもね。

落語が流行したのは江戸後期、平和な時代の真っ只中だ。二百年以上も戦争はない。地方では飢饉で飢える人もいるが、江戸の生活はほぼ安定している。幕府は常にインフレの起こらない政策⑹をとり続けているからだ。

平和な時代の生き方を写したのが落語。笑って暮らせるのは平和ゆえだ。

恋に恋して焦がれて死ぬ、あるいは叶わぬ恋をあの世に渡すための心中はある。だけど、義理やしがらみで死ぬなんて愚か。それが江戸の考え方だ。それはよくある話だ。何せ、江戸は男女の人口比では女性のほうが多かった。どうするか？　選択肢は二つ。二人とよろしく付き合うか、どちらか一人を選ぶか。二人の男が惚れたんだから。選択権は女性にある。片方に義理立てして死ぬのは文学。落語はもっと利口だということだ。だから、落語の袈裟御前は死なない。生きて幸福を模索するであろうために洒落にして終わるのだ。

（1）袈裟御前…平安時代の美女。その美しさで遠藤盛遠を迷わせた。

（2）遠藤盛遠（文覚）…保延五（一一三九）年～建仁三（一二〇三）年。平安時代の僧侶。もとの名を遠藤盛遠といったが、袈裟という女に迷い殺害したため出家する。寺院復興の基金を後白河法皇に強要したため伊豆に流罪となるが、そこで源頼朝に挙兵をすすめる。性格激し過ぎ。出家しても意味ないじゃん。

（3）渡辺亘…平安時代の武士。摂津国渡辺党に組し、北面の侍となった。

（4）源頼朝…久安三（一一四七）年～建久十（一一九九）年。源氏の武将。伊豆に流されていたが、北条時政の援助を受け挙兵。平家を倒し、鎌倉に幕府を開いた。武家政権の創立者である。

（5）お櫃…飯櫃。おはちのこと。

（6）インフレの起こらない政策…武士の収入はほぼ一定であったため、ものの値段が上がったりすると生活に窮した。しかし、経済はどんどん発展する。そこで徳川幕府は、倹約など基本的にインフレの起こらない政策を実施した。

《袈裟御前》

時は平安時代の末期。北面の武士の遠藤盛遠と袈裟御前、その夫渡辺亘との三角関係を綴る、ごく短い地噺。物語は悲劇だが、落語はいたって馬鹿馬鹿しい。あまり演じ手はいない。

ふられて帰る果報者

《五人まわし》《子別れ》《三枚起請》

落語にでてくる遊女の手練は実に見事だ。

遊女の名は、喜瀬川。《お見立て》《五人まわし》《子別れ》などに登場し、見事な手練を見せてくれるが、ここで一席取り上げるとしたら、《三枚起請》だ。何せ三人の男を、起請一枚で手玉に取る。いや、登場するのは三人だが、被害者(?)はそれ以上いるはずだ。

起請っていうのは、いわゆる誓約書。神仏に誓う。この場合は、遊女が客に書く。「年季があけたら夫婦になる」という誓約書だ。現在でも熊野神社(1)で起請誓紙、つまり起請の用紙を売っている。熊野の守神、八咫烏が描かれている。八咫烏っていうは三本足の烏で、ほら、サッカーのマークになってるやつよ。

手玉に取られた三人の男。

まずは棟梁(2)。三十代半ばだろうか。分別のある大人の男だ。

「俺がこの年齢まで独りでいるのも、皆、あの女のためだ」

年齢が若いのに遊びに入れあげている唐物屋(とうぶつや)(3)の若旦那、猪之に小言を言うつもりが、猪之が起請をもらった相手の喜瀬川は、自分が何年も想い続け通っている女だった。騙されつづけて幾年や。

猪之は年が若いから仕方ないかもしれない。

経師屋(きょうじや)の清公、多分二十代後半か。この男は金がないのに騙されて貢がされている。奉公に行ってる妹に、母親が病気だと嘘を言い、着物を売らせ、給金を前借させて金を作った。

「他のお客に頼んで、こしらえてもらえない金ではないが、そうするとお前さんと一緒になる時に災いになるといけない。できることなら、お前さんに作ってもらいたい」

そう言われて書いてもらった起請。他の二人のとは違うんだ、といっても、同じ紙に同じ文面で書いてあるんだからしょうがない。

「まあ、お待ちよ。あすこへは騙されるのを承知で行くんだ」

棟梁は口ではそう言う。

しかし、いざ女の前にでると、その怒りは顔にでる。女の甘い言葉に、逆上しそうになるのをこらえる様が笑える。

「棟梁、女相手に手上げちゃいけないよ。あれをぶつなら、俺をぶて」

喜瀬川を待つ間の清公の科白は泣けるねえ。

若い猪之はともかく、棟梁と清公は何故ここまで喜瀬川に執着しているのか。「年季が明けたら夫婦」の約束を信じて、何年も待ち続け、大金を貢ぐのは、何故だろう。

なんのことはない。男は女の甘い言葉に弱いのだ。

江戸は男女の出会いそのものが少ない。そこで男たちは吉原という場で、恋愛シミュレーションを楽しんだ。「騙されるのを承知」のゲームだ。でも、女の甘い言葉は、「騙されるのを承知」なゲームであることを忘れさせるのだ。

それは吉原がなくなった現代でも、キャバクラなる場所で繰り広げられている日常の光景である。


「皆さん方、一人ずつ来るから騙されるんですよ。今度は三人でご一緒にいらっしゃい」


と、茶屋の女将は言う。

何人で来ようと騙されるには違いないのだ。

時代は変わろうと、男とはそうした愚行を行う馬鹿であり、女は平気で嘘のつける女神であるからだ。

（1）熊野神社…熊野本宮大社、熊野速玉大社、熊野那智大社の三山からなる霊場。三山から勧請された神社は全国で三千を超える。
（2）棟梁…大工など職人の頭。「とうりゅう」と発音する。
（3）唐物屋…中国はじめ諸外国の商品を扱う商売。

《五人まわし》

吉原のまわし部屋は侘しい。壁を見ればいたずら書き。「この店は牛と狐の泣き別れ、モウコンコンコン」。客は若い衆に野暮を承知で文句を言う。「花魁はいつ来るの？」。まわし部屋にはいろいろな客がいる。怒る客、嘆く客、理を説く客……。まわし部屋で遊女を待つ男たちと吉原の若い衆の哀せつが伝わる、おなじみの一席。

《子別れ》

上、中、下で演じられる長い噺。大工の熊は知り合いの葬式の帰り、友人と連れ立って吉原に逗留する（上、またのタイトルを《強飯の女郎買い》）。四日間家をあけた熊は女房と喧嘩になり、女房は子供を連れて出て行く。熊は遊女あがりの女を家に入れるが、やがて出て行ってしまう（中）。自分の非を悟った熊は酒を止め立ち直る。数年後、熊は子供と再会、子供が間に入り、夫婦はよりを戻す（下、《子は鎹》）。人情噺としておなじみの一席。

《三枚起請》

棟梁、唐物屋の猪之、経師屋の清公の三人が揃って、同じ花魁から起請文をもらい、

「年季が明けたら夫婦になる」という約束を頼りに、せっせと吉原に通い金を貢いでいた。吉原は騙されに行く所、とわかっていながらも怒りは収まらず、三人は花魁のところへ行く。騙される男の状況や心理が三人三様で面白い。廓噺の傑作の一つ。

恋する乙女は頑張るのだ!!

《宮戸川(みやとがわ)》

《宮戸川》は、恋をテーマにした噺の代表作だ。

小網町(1)の若旦那の半七、隣家の舟宿の娘、お花。将棋とカルタで帰宅が遅くなった二人が締め出しを食い、霊岸島(2)の叔父さんの家の二階に厄介になる。そこへおりからの雷雨で、二人は結ばれる。なんで雷雨で結ばれるのかは知らないけれど……。

半七は道楽は将棋くらいという真面目が取り得の若旦那。容姿はいい男のようだ。一方のお花は舟宿の娘で年齢は十七歳。当時で言えば適齢期の花盛り。で、舟宿というのは、吉原通いの猪牙舟(ちょきぶね)(3)や、大川(4)で遊ぶ屋根舟(5)なんかを用意する仕事で、そういったお遊びのコーディネーター業。そういう家の娘だから、さばけている。男女のことも経験こそなければど万事心得ているのである。

ここでこの噺の三人の登場人物の恋に対する考え方を紹介しよう。

まず半七。恋に関しては無関心。むしろ恋なんかしてはいけないと考えている。結婚は親の言う娘を嫁にもらい、真面目に働き、たまに将棋くらいはしても、家と財産を守り次の世代に継ぐという考え。これは当時の商家の子息ならごく当たり前の考え方だ。

対して、半七の叔父、九太は言う。

「また将棋でしくじってきたのか。たまには女でしくじってきたらどうだ。叔父さん、今度こういう女とこういうことになりました。そう言われれば、一肌でも二肌でも脱ごうってもんだ」

叔父さんは半七の恋を奨励する。女を連れてきたら、結婚まで面倒を見ようというのだ。

当時の結婚は、家と家との結び付き。つまり「公」のこと。そこに恋などという「私」が入り込むことは許されなかった。しかし、江戸の人に恋という感情がないわけではない。いつまでも一緒にいたいという思いの結論が結婚なら、その恋を成就させてやろう、というのが叔父さんの考えだ。叔父さんは「公」より「私」を重んじる人物というわけだ。

事実、叔父さんは二十歳の時、富本節の稽古で知り合った三歳年下の娘との恋を成就させている。それが今、叔父さんの横に寝ている「婆さん」なのだが。

で、最後にお花。幼馴染でいい男、そして優しい半七のことが好きなのだ。だから、ここで半七に逢ったのは絶好のチャンス。悪い言い方をすれば、ここでこの男をモノにしちまおう。真っ直ぐに恋に突っ走るタイプの女だ。だから、お花は積極策にでる。

「私も霊岸島の叔父さんのところへ連れて行ってください」

「駄目ですよ。あなたは肥後の熊本⑹へ行きなさい」

お花の親戚が肥後にいると言ったから。そんな意地悪を言うのも男心か。お花に優しくしたら、自分の意思がぐらつく。だから半七はお花を拒む。拒むけど否定はしていない。結局、小網町から霊岸島まで二人で来てしまう。駆け出して逃げても、お花に追い越される、って、そんなに速い女はいない。状況としては、走ってみたけどお花が心配でスピードを緩めたら、寂しそうな目でジッと見ているお花がいた。それが女の手の内とも知らずに。半七は歩みをゆるめてしまう、というようなことだろう。

お花にしてみれば半七の心なんぞはお見通し。甘える、すねる、脅す……。で、霊岸島に着いたら叔父さんという強い味方がいた。もう大丈夫。叔父さんの家の二階で二人きりになり。

そして、お約束の雷雨だ。どうなったかなんて野暮をお聞きでない。

案の定、半七の父は二人の結婚を許さなかった。しかし、叔父が後見人となって、二人に所帯を持たせる。

あの夜、冷たくお花を拒んだ半七が嘘のように優しい夫となる。朝はお花より早く起きておまんまの支度をしてくれて、腰巻(7)も洗ってくれる。優しい夫との愛の日々を勝ち取った、まさにお花は恋の勝者といえよう。

(1)小網町…東京都中央区の町の名前。日本橋川の辺り。
(2)霊岸島…東京都中央区の町の名前。八丁堀の近く。
(3)猪牙舟…隅田川を走る舟先が猪の牙の形をした小型舟。舟足が速かった。吉原に通う人がよく利用し、吉原通いで大金を使わないと粋に猪牙舟を乗りこなせなかったところから、俗に「猪牙で千両」などと言われた。
(4)大川…隅田川下流の異称。
(5)屋根舟…屋根のある舟。宴会や密会などに用いられた。

（6）肥後の熊本…熊本県のこと。ここでは、凄く遠い場所という意味。

（7）腰巻…女性の下着の一種。

《宮戸川》

帰りが遅くなり家を閉め出されたお花と半七。半七は霊岸島の叔父の家に泊めてもらおうと訪ねるが、お花が付いてきてしまう。これは恋のもつれで死ぬの生きるのに違いないと叔父は勝手に思い込む。これが幸いし二人はめでたく結ばれる「お花半七馴れ初め」。落語には珍しい、ほのぼの系ラブコメディ。寄席などでよく演じられている。

圓朝をなめたらいけない

《塩原多助一代記》

三遊亭圓朝・作の人情噺(1)《塩原多助一代記》は、上州沼田の百姓、多助が国を出奔し江戸へ出て、炭問屋に奉公。一生懸命働き、やがて本所(2)相生町で炭屋を開業するという成功譚。

最後は豪商の娘、お花に見初められ、お花は多助の嫁となるが、お花がまたできた女性で、婚礼の日から花嫁衣裳のまま炭俵を担いで働く。

明治十一(一八七八)年に発表されたこの噺は、人倫、倹約、勤勉、立身出世がテーマ。こうしたものはそれまでの江戸の落語にはなかった。

だいたい落語なんていうのは、酔っ払いに、博打に女郎買いの噺ばかりだもの。一生懸命努力して働いて偉くなりなさい、明治という時代は、江戸時代みたいに暢気にしていては駄目だ。勤勉こそが国を富ませて、家を繁栄させる。富と繁栄こそが、近代国家の幸福である。そうしたテーマは、当時、圓朝を贔屓にしていた政府の高官たちに受けた。しかし、この噺はただの商人の出世譚なのだろうか。圓朝をなめたらいけない。そこにはやはり愛憎うずまく人間ドラマがあるのだ。

噺は、多助が江戸へでてくる前に遡る。多助の家は上州沼田の豪農。三百石の田地を持っていた。多助の養父、角右衛門は、かめという女を後妻にする。かめにはえいという連れ子がいて、角右衛門が死ぬ時、多助とえいを夫婦にして家と田地を託す。角右衛門が死んで、悪女母娘が化けの皮を脱ぐ。かめもえいも多助を主人扱いはしない。近くに住む無役の武士(3)、原丹治、丹三郎という父子がいて、家に出入りするようになる。この父子が苦味走ったいい男。

かめは丹治をつなぎとめるために、娘のえいと丹三郎を添わせたい。えいは真面目だけが取り得の多助なんかが亭主じゃ不満。都会的でいい男の丹三郎を亭主にしたい。そして、原父子は二人の女と三百石の田地が目当て。悪い奴らが集まっちゃった。

四人にとって邪魔者はただ一人。

「多助の奴を片付けてくださいよ。私たちはいいですよ。若い二人は早く夫婦にしてやりたいのが親心。ねえ、旦那」

と丹治にしなだれかかるかめ。

母にとっては夫の息子（養子だが）、娘にとっては夫を殺しちまおうってんだ。いや、夫といっても、これは親の決めた意に添わぬ相手。えいが好きなのは丹三郎である。悪女っていうのは、ある意味、己に正直なだけか。かめも丹治も親として、息子、娘の幸福を望んだだけだ。それにほんのちょっと、三百石の田地という魅力ある副産物があった。

丹治は人気のない庚申塚で多助を待ち伏せする。

そうとは知らない多助。しかし、庚申塚の手前で、多助が可愛がっている馬の青がぴたりと動かない。

「これ、青、なんで動かねえだ。帰りが遅くなれば。またお母様に叱られるだよ。お母様や女房に見放され、青、お前もおらに愛想が尽きただか」

多助、可哀想。っていうか、こんな愚痴を馬にこぼすか。情けない。えいの苛立ちがちょっとわかる、っていう人もいるかもしれない。

でも、青は多助に愛想が尽きたわけじゃない。青は丹治の待ち伏せを知っていて、多助を守った。なんで馬が待ち伏せを知ってるんだ。動物的勘か。

可哀想なのは通りかかった村人の円次。円次が引くと馬は動くので、多助は円次に青を託し、別の道を通って帰った。青を引いていた円次は多助と間違われて丹治に殺される。今度は青のおかげで助かったが、次は必ず殺される。多助は青に涙の別れを告げ、出奔する。

しかし、この噺のテーマはやはり人倫なのだろう。不倫妻、えいの最期は悲惨だ。えいは青に食い殺されてしまうのである。近代というのは不倫妻には厳しい時代なのだ。

（1）人情噺…世情、人情を題材とした落語。専門的には、長編人情噺（連続で語られる噺）を人情噺というが、一般的には笑いよりも物語に重視を置いた噺をいう。

（2）本所…東京都墨田区の地名。膨張する江戸においては、隅田川の向こうの新興地域であった。

（3）無役の武士…役職のない武士。非常勤の戦闘員という形で俸禄はもらっていたが、日常ではこれという仕事のない武士は大勢いた。

《塩原多助一代記》

浪人塩原角右衛門は、上州沼田の百姓角右衛門と先祖が同じであることがわかり、息子の多助を百姓角右衛門の養子にする。角右衛門が死ぬと、後妻のかめと連れ子のえいは原丹治、丹三郎親子と情を交わし、多助を殺そうとする。愛馬の青のおかげで命が助かった多助は、青に別れを告げて沼田を出奔。江戸へ出て炭屋となり成功し、実父とも再会する。三遊亭圓朝・作の長編人情噺。多助の勤勉をテーマに修身の教科書にも取り上げられた

てふてふと戯れる美女

《西行》

菜の花畑に、てふてふが戯れていた。すべてはここからはじまった。

あっ、てふてふっていうのは蝶々のことだ。昔の雅な方は、「てふてふ」と言ったんだね。言わねえよ、って突っ込まれそうだが。

この菜の花畑に大勢の供を従えた御駕籠が通りかかる。大勢の供を従えてるということは身分のある御方。

誰かといえば、摂津、河内、和泉から三千人の美女を集めて、その中から選ばれた一人、つまり摂津、河内、和泉のナンバーワン美女だ。

摂津、河内、和泉というのは今の大阪だから、選ばれた美女ったって、心斎橋筋でたこ焼き食べながら歩いているミニスカートのお姉ちゃんかと思うとそんなことはない。

昔と今では美女の基準値が違う。

昔の美女は、まず髪は烏の濡れ羽色。髪の毛は長くて黒くなくちゃいけなかった。そして、肌の色は白くなくちゃいけない。だから、茶髪、金髪、ガン黒なんていうのは、まったく相手にされなかった。

なんでそんな美女を選んだかといえば、この美女を時の帝の御愛妾にしようというのだ。

御駕籠の中は帝の御愛妾、染殿内侍。染殿内侍が菜の畑を何気に見ていると、てふてふの戯れがあまりにも美しかった。そこで御駕籠をお止めになると、自分も菜の花畑に降り立って、てふてふと戯れてしばし時を過ごした。

供侍も大勢いるが、下っ端のほうは普段は染殿内侍の御顔なんぞは拝めない。この時ばかりは、菜の花畑でてふてふと戯れる顔から姿から、心行くまで拝んだ。しかも菜の花畑の美しさの中に、てふてふと戯れる染殿内侍の姿は、美女×菜の花畑で、美しさの相乗効果を上げたってわけだ。

一目惚れした男がいた。供侍の一人、禁裏北面の侍（もののふ）(1)、佐藤義清（さとうのりきよ）(2)って男。

落語だと、お姫様の姿に恋焦がれ、

「しめに逢いたい、しめに逢いたい」

江戸っ子だから。姫が「しめ」になる。北面の侍が江戸っ子か。語っている落語家が江戸っ子なだけ。で、赤ん坊の小便で、「おしめ探してる」ってギャグが入る。

実際はもっと雅なんだろう。帝のご愛妾と警護役の侍の恋だ。もの凄い禁断の恋。佐藤義清の恋を知った染殿内侍。私に恋するとはどんな奴? 見たらいい男で文才もある。平安時代は和歌とか詠める文才が恋の必修科目だった。で、禁断の逢瀬となる。都のはずれ、西の阿弥陀堂で待つ佐藤義清。しかし、染殿内侍はなかなか来ない。吉原のまわし部屋の客みたいに、阿弥陀堂の天井のしみを数えているうちに、ついついうたた寝。そしたら、明け方に来た。

染殿内侍にしてみれば、わざわざ姫様が来たのに相手はうたた寝。あきれ返って帰ろうとしたら、佐藤義清は目を覚ますと和歌で止めた。

「宵は待ち夜中は恨み暁の、夢には見んとしばしまどろむ」

あなたに逢えないのなら、せめて夢の中でお姿が見たいので寝ておりました。言葉で言ったら嘘臭いけど、和歌で言うところが平安の恋。で、禁断の恋の成立。めでたしめでたし。

でもないね。所詮、禁断の恋は長続きしない。恋っていうか、これはただの姫君の戯れだ。てふてふと遊んだのと同じように、文学青年の供侍と、ただ戯れてみただけ。そんなお遊びに二度目の逢瀬があるはずはない。

佐藤義清、この恋の終焉を無常と感じて出家して、西行となる。あーっ、なるほど。それで和歌とかすらすらでてきたわけね。

（1）禁裏北面の侍…平安後期、院御所の北面にあって上皇を守備した武士。

（2）佐藤義清（西行）…元永元（一一一八）年～文治六（一一九〇）年。平安末から鎌倉時代の僧侶で歌人。俗名、佐藤義清という北面の侍だったが、出家して生涯を旅に生きた。

《西行》

北面の侍、佐藤義清が帝の愛妾、染殿内侍に一目惚れ。染殿内侍は「西のはずれの阿弥陀堂で私を待つように」という謎をかけた手紙を出す。西行法師出家の理由は失恋にあったという、大胆な歴史解釈に基づく地噺。二代目、三代目三遊亭圓歌が面白おかしく物語を綴る。

お江戸こぼればなし　拾壱――禁断の恋の楽しみ

七両二分

間男。つまり、夫のある女性と情を交わす男、あるいはその行為をいう。昔は犯罪である。

江戸時代、もしも間男が夫に見つかったら、二人重ねて四つにされても文句が言えなかった。いや、文句くらいは言ったろうけど、容赦なく斬り殺されたということだ。

洋の東西を問わず、寝取られ亭主っていうのは決して褒められたことではない。斬り殺してもいいのだが、それが公になると恥辱になるから我慢した、なんていう人も多かったかもしれない。

腕のいい侍の中には、情交の現場に踏み込んで間男だけ真っ二つにした強者もいたそうだ。女性上位だったら女房だけ斬っちゃって……。あちゃーっ。

それは侍の話で。町人はというと示談で済ませた。大岡越前守が町人の間男の示談金を大判一枚と決めた。大判一枚は約十両。十両盗めば首が飛ぶといわれたくらいだから、妥当な金額かもしれない。しかし、金の相場が下落して、しばらくして大判一枚の価値が七両二分になってしまった。決して間男の相場が下がったわけではない。

お江戸こぼればなし　壱弐——禁断の恋の楽しみ

これが女の生きる道

間男なんていうことがどのくらいあったものなのかは、よくわからない。

何故なら、夫側が恥じて表沙汰にしなかったし、たいていは示談でことが済んだ。

男性は吉原で擬似恋愛を楽しむのなら、女性だって恋を楽しんでもいいじゃないか。

裕福な家の内儀なら、出入りの商人、職人にいい男でもいればターゲットになる。落語《紙入れ》の新吉は出入り先の内儀に誘われてしまうが、寝間に紙入れを忘れて、旦那に見付かりはしないかと気がかり。

「一ついけないのが主ある女、亭主のいる女だけはよしなよ」

何も知らない旦那に一般論として道理を説かれる。道理を説く旦那の後には、何事もなかったような顔で笑っている内儀。女は怖いとはこのことだ。

ごく庶民になると、《町内の若い衆》。子沢山のおかみさんに「旦那は働き者ですねえ」「うちの人の働きじゃないわよ。町内の若い衆が寄ってたかって……」

DNA鑑定なんてない時代だから。子供は子宝。誰の子供だっていいじゃないか。長屋中で育てようっていうのが人情ってものよ。

妖しい女、怪しい女

《鰍沢(かじかざわ)》

身延参り(1)の旅人、新助が雪で道に迷い、地獄に仏、たどり着いた一軒のあばら家。そこの女主人がおくまだ。

年ごろ二十六、七になりましょうか。絹物ではあるがつぎはぎだらけ、その上へ上田紬の茶弁慶の薄いねんねこ半纏をはおりまして、頭は櫛巻き、色は抜けるように白い、鼻筋の通った、目元にちょっと険はありますが、どうも実にいい女。ただ気になるのは、顎から喉にかけまして月の輪なりの酷い突き傷がある。女がいいだけに、これがいっそうに凄い。

傷っていうのが、いっそう美しさを浮かび上がらせる。

妖しい女っていうやつだ。

妖しい女に男は弱い。

雪山で道に迷いたどりついた家に、そういう女がいた。いいロケーションだ。

しかも、おくまは元吉原の遊女、熊造丸屋の月の兎といった。伝三郎という男と恋仲になり心中するが失敗、そのまま逃走し山中に隠れ住んでいるのだという。

新助は身延に礼参り。懐には大金があった。

妖しい女が、怪しい女に変化する。新助の金に目がくらんだ。

おくまは寒さしのぎにと新助に卵酒をすすめる。酒の飲めない新助は一口飲んだだけだった。酒の中にはおくまがしびれ薬を入れていた。

そうとはしらず奥の間で休む新助。おくまが亭主の寝酒を買いに外へ出た後、伝三郎が戻り誤って卵酒を飲んでしまう。冷めた卵酒を意地汚く飲む仕草が聞かせどころの一つ。花魁と心中でもしようというのだから、そこそこの色男だった伝三郎だが、山中の暮らしが男をすっかり変えてしまっている。

二人だけの暮らし。よそ目には羨ましくも思えるが、熊の膏薬を売って細々暮らす生活は決して楽ではなかったろう。

おくまが新助の懐の大金に迷ったのも、そうした山中の暮らしから抜け出したいという思いからだろう。人を殺してでも金を得ようというには、それなりの理由がある。伝三郎はもがき苦しみ死ぬ。騒ぎで新助は逃げる。小室山の毒消しの護符(ごふ)(2)をもらっていたのが幸いした。おくまは夫の仇と(凄い逆恨みもいいところ)、鉄砲を持って追って来る。

《鰍沢》というこの話は、谷へ落ちた新助が筏の丸太につかまって急流を逃れ、

「助かった。お材木(お題目(3))のおかげ」

というのが落ち。

身延山も小室山も日蓮宗。だから、お題目という洒落だ。

三遊亭圓朝(さんゆうていえんちょう)・作の落とし噺はサゲが弱い。

松浦泉三郎(まつうらせんざぶろう)という作家が作った浪曲には後日譚がある。

数年後、女乞食になったおくまが江戸に来て、新助の情けを受け涙するという話だ。

自分を殺そうとした女でも、落ちぶれてしまっていたら情けをかけるのが江戸っ子だという。男のすがすがしさか。

対して女は、自分の置かれた状況に応じて変化する。おくまは吉原では妖艶な花魁、山中の家では無愛想ながらも旅人に一夜の宿を貸す親切な女、それが新助の懐の金に目がくらみ悪女にと変わる。自分のためではない。それもこれも伝三郎のためだ。男のために女はいくらも変わるのである。腕力がなくたって、毒や鉄砲を持てば人だって殺せる。そして、最大の武器、涙も持っている。

そこへいくと男はね、女に対してはどんな酷い目にあったたってすぐに忘れて許しちまうんだ。馬鹿だねえ。

（1）身延参り…日蓮宗の聖地、身延山へ参拝すること。
（2）小室山の毒消しの護符…小室山妙法寺で販売。毒粟餅を食べた犬に、日蓮が護符を溶いた水を飲ませて助けた伝説から、毒消しの妙法符が信仰された。
（3）お題目…日蓮宗で唱える「南無妙法蓮華経」の七文字。

《鰍沢》

身延参りの新助は雪の中、道に迷った。ようやくたどり着いた一軒のあばら家には妖艶な女が一人。女は月の兎と名乗っていた元吉原の遊女。心中をしそこない亭主と山奥に隠れ住んでいた。新助の懐の金を奪おうと考えた女は、新助にしびれ薬入りの玉子酒を飲ませる。三遊亭圓朝が「熊の膏薬売り」「玉子酒」「小室山の毒消し」で作った三題噺。

咲の母性

《厩火事（うまやかじ）》

江戸の街は男性より女性が圧倒的に少なかった。

だから、結婚に関しては女性の売り手市場となる。女性は良縁を選べた。

選べるはずなのに、まれに失敗をする女性もいる。そんなのはいつの時代でもいるか。

女性の名は咲。職業は髪結い。今でいう美容師だ。

男性でも、大工、左官などの職人は己の腕一本で仕事をして稼ぐから威張っていた。

腕さえあれば、お天道様と米の飯はついてきた。

「江戸っ子は宵越の銭は持たない(1)」というのは、あり金使ってしまったって、明日はまた自分の腕で稼げるから平気だ、という職人気質である。

女性も手に職があれば、いつの時代でも稼げた。その代表が髪結いである。

咲は年下の、ちょっと苦味走ったいい男に惚れた。兄ィだか旦那だかに間に入ってもらって夫婦になった。

咲が稼ぐ。ゆえに、亭主は働かない。お約束だ。

女の気持ちは単純明快。経済的にも身のまわりも、献身的に男に尽くしていることに酔っている。それが「惚れている」証しだと思っている。

かぼちゃを煮たり、鮭を焼いたり。仕事が忙しい時には、刺身かなんか買い与える。それで亭主は昼間から、刺身を肴に酒を飲んでいる。面倒みることがこの女の愛。母性っていうのか。

男にとっては都合のいい女……、でもない。亭主にしてみれば、面倒見のよさが逆にうざったく感じる。男って、わけわかんないプライドがあるじゃない。だから、女が全部レールを敷いたら面白くない。

で、喧嘩になる。

まるで反抗期の子供だ。そう。男なんてたいてい子供なんだよ。

男のワガママは子供のワガママ。思い通りにならないと泣き叫ぶ。子供じゃないから泣き叫びはしないが、怒鳴る、ふくれる、場合によっては、殴る。女のワガママは母親のワガママだ。甘やかすだけ。それで母と息子のような男女の関係が成り立ってるうちはいい。

ところが、女は将来を考える。

「今のままならいいですよ。私がお婆ちゃんになった時に、あの人が若い女かなんか引っ張り込んでイチャイチャされたら。その時、悔しいって噛み付いてやろうと思っても、歯がなくて噛みつけない」

女の稼いだ銭で刺身食ってる男は、五年先、十年先の話をされても困るのだ。だけど、女は亭主に惚れている。だから、将来も一緒でいられるためには、棄てられないためにはどうしたらいいかを真剣に悩み、結果として尽くしてしまうのである。

仲人の兄ィだか旦那に、「別れろ」と言われても、

「お言葉ですけどね、刺身食べてたって、鮪一匹食べたわけじゃないし。私のお金で食べてるんですからね。旦那に文句言われる筋合いじゃありませんよ」

仲人にしてみれば、心配して損したっていうところか。いや、咲の家の夫婦喧嘩は日常のことで、もう慣れっこといったところだろう。

いくら尽くしても、それが男のプライドにさわり、いつも喧嘩になる。そして将来の不安にいたたまれなくなる。咲がそんな気持ちをぶつける相手は仲人しかいないのだ。

仲人は亭主の真意を試してみうと言う。そんなものはこの二人の抜本的な解決策ではない。亭主は心理的には子供だけど、実は立派な大人。そのへんのことを、全部わかって、女に依存しているのだ。でなきゃ、髪結いの亭主なんて勤まらないのである。

（1）宵越しの銭はもたない…その日に稼いだ銭はその日のうちに使ってしまうという江戸っ子気質、きっぷのよさを言った諺。

《厩火事》

髪結いのお咲は稼ぎがあるので、年下の亭主は働かずにぶらぶらしている。「あんな亭主とは別れろ」という仲人に、「でも優しい時もあるんですよ」。仲人は、亭主がホントに真心があるのかどうか、中国の孔子の話と、真心がないある殿様の話を例に、亭主を試してみるよう言う。夫婦をテーマにした落語の代表。

禁断の恋心に忍び込む魔性

《お若伊之助(わかいのすけ)》

ある商家のお嬢様、お若が一中節(いっちゅうぶし)(1)を習いたいと言った。

一中節は、享保の頃におおいに流行した音曲。当時、「鼠の糞と一中節《夕霧》(2)の稽古本のない家はない」とまで言われた。もともと京におこった音曲で、京風の雅さが特徴である。

大きな商家のお嬢様ともなると、稽古屋に通って、半纏職人や子供衆と一緒に習うようなことはない。それなりの師匠が出稽古に来てくれる。

お若の家では、町内の鳶(とび)の頭(3)に間に入ってもらい、菅野伊之助という一中節の師匠を頼んだ。この伊之助がたいへんな美男子だったことで問題がおこる。

お若は伊之助に惚れた。伊之助もお若を愛しく想うようになった。何をするわけでもない。ただ想いあっているだけ。それでもこれは禁断の恋なのだ。

お若の親はお若にしかるべき家から婿を取り家業を継がせたいと考えていた。それがお若の幸福であり、家の安泰でもある。

おさらい会の夜、お若と伊之助の気持ちに、お若の母親が気付いた。母親っていうのは気付くんだ。こういうことには。

親はことを内々に納めようと考えた。鳶の頭に手切れ金を渡し、伊之助に二度とお若に逢わないことを約束させる。そして、お若を根岸(4)の剣術使いの親戚の家に預ける。剣術使いの家にも若い男はいる。しかし、剣術修業の無骨な連中で、顔も伊之助のようないい男はいない。木像蟹(もくぞうがに)みたいなのばかりだから安心というわけだ。

鳶の頭はお若の親に義理がある、伊之助は鳶の頭に義理がある。義理のため、伊之助はお若への想いを諦めた。お若もきっと、自分への恋心は想い出として忘れてくれることだろう。時がすべて解決してくれるはず。

義理も大切、また、商家のお嬢様と芸人は所詮結ばれぬ恋ではないか。母親も頭も、伊之助もそう思った。お若の幸福を考えての選択のはずだった。一人そう思わなかったのは、お若だった。

剣術使いの家の離れで一人、来る日も来る日も、ただ伊之助のことを想い続けて暮らしていた。そんなお若の心に魔性のモノが入り込む。

またのタイトルを《因果塚の由来》という。なんとも救いのない噺である。

お若のもとへ伊之助が訪ねて来る。お若の喜ぶまいことか。翌日も訪ねて来る。そして、お若と伊之助は逢瀬を重ねる。

「昨日まではふさぎ込んでいたお若が今日、急に明るく元気になった。何かおかしい」

そう思ったのは剣術使いの先生だ。様子を見るに、お若のもとへ忍んでくる男がいる。鳶の頭を呼び事情を聞く。

「昨日なら違います。伊之助と一緒に吉原にいたんですから」

伊之助は暢気に吉原にいたんだ。そら、鳶の頭との付き合いだろうが。でも、お若は伊之助をずっと想っているのに、伊之助は吉原。なんとも不実な奴だ。

いや、吉原と根岸は近い。今でも台東区営バスめぐりん(5)で十五分。やはり訪ねて来たのは伊之助なのか。頭は、根岸と伊之助の家を行ったり来たり。で、その夜は、頭と伊之助は一晩中一緒にいたことがわかる。

伊之助はもう一人いる。お若のもとに来る伊之助は偽者だ。剣術使いは偽の伊之助を種子島の短筒(6)で射殺する。伊之助だと思ったのは狸だった。

三遊亭圓朝(さんゆうていえんちょう)・作といわれるこの噺は、因果噺でも怪談噺でもない、上質な人情噺であろう。怖いのは狸じゃない。義理や常識で、お若の恋心を考えなかった大人たちではないか。

(1) 一中節…浄瑠璃の一流派。京都でおこり、享保の頃、江戸で流行した。京風の優雅さが特徴で、上級町人に好まれた。伊之助の名乗っている菅野は、天保十(一八三九)年に二世菅野序遊によりおこされた流派である。

(2) 夕霧…「夕霧もの」といわれている浄瑠璃曲の総称。実在した遊女、夕霧と、伊左衛門の恋愛を扱ったもの。

(3) 鳶の頭…町火消しに属した人足の頭。普段は土木工事や町内の雑役なども行った。人足たちを束ねているから信頼もあり、もめ事の解決なども依頼されることが多かった。鳶口(火事の時、延焼をふせぐため家などを壊す道具)を持っているところから、鳶と呼ばれた。

（4）根岸…現在の台東区根岸、ＪＲ山手線鶯谷駅のあたり。昔は随分寂しい場所だった。

（5）台東区営バスめぐりん…台東区内を循環する小型バスで、現在五路線運行。料金は百円で区民の足として便利。

（6）種子島の短筒…ピストルのこと。

《お若伊之助》

お嬢様のお若が一中節の師匠、伊之助と恋に落ちる。親たちは伊之助には手切れ金を渡し、お若を根岸の剣術使いの親戚の家に預ける。お若は伊之助が忘れられず、もの想いにふけっている。そんなお若の心に魔性のモノが忍び込む。別のタイトルを《因果塚の由来》。三遊亭圓朝の作といわれている。

夢にでてくる女は美女ばかり

《夢の酒》《浮世床》

落語には、「夢」を扱った噺が多くある。

《ねずみ穴》《夢金》《天狗裁き》《羽団扇》……。

八代目桂文楽が得意にしていた小品で《夢の酒》は粋でほのぼのした一席。うたた寝をしていた若旦那、新妻が若旦那に、どんな夢を見たかを聞くに、夢の中で美女の接待を受けた話をする。

「年ごろ二十五、六、中肉中背、ポチャ愛嬌、色白でもってねえ、あれがホントの美人っていうんだねえ」

世間知らずの若旦那、そんなことを新妻にペラペラ喋っちゃいけないよ。案の定、焼き餅だ。泣き出して、義理の父親に訴える。

「若旦那が普段、こういうことがあったら、さだめし面白かろうと思っていらっしゃればこそ、こういう夢を見るんです」

女性の不思議の一つ。夢の中まで男を支配したいのかねえ。美女と楽しい一時を過ごしたいという深層心理まで許せない？

男は女房がヨン様(1)に夢中になったって平気だよ。ヨン様が女房を相手にしないことを知ってるからね。

噺は、淡島大明神(あわしまだいみょうじん)(2)に祈り、父親が夢の女性のところへ意見をしに行くことになり。まぁ、あとはお約束です。父親だって男だから。いい女は嫌いじゃないし。ねえ。時に、落語の夢の中にでてくる女性は美女ってことに決まっている。

《浮世床》の半ちゃんは芝居小屋で美女と会う。どこかのお嬢様風で、婆やを一人供にしている。

「年のころなら、二十五、六。でも女は年齢を隠すというよ。目尻に小皺があったから、三十五、六。化粧落とせば、四十五、六。明るいところで見たら、五十五、六。よくよく年齢を聞いたら、七十五、六」

おいおい、そら年齢関係なく美しい女性はいますがね。夢だから。漠然と美女なんだけど、そのへんは意外と曖昧なのだ。

お嬢様に芝居茶屋に誘われた半ちゃん、酒をすすめられ、やったりとったりしているうちに眠くなり、まず半ちゃんが布団の中へ。あとから女が緋縮緬(ひぢりめん)の長襦袢姿で、あわや同衾というところで、

「半ちゃん食わねえかと俺を起こしたのはどいつだ」

落語のお約束のオチだ。半ちゃん目の前の美女よりも食い気に負けたのか。

それにしても、夢にはどうして美女ばかりでてくるのか。

フロイト[3]の夢判断だと、美女から想われている前兆で美女の夢を見るらしい。『伊勢物語』では、東下りの中で、「駿河なるうつの山辺のうつつにも、夢にも人に会わぬなりけり」と業平は詠む。夢でも恋しい女性に逢えぬ、彼女の気持ちがもう自分から離れてしまった、と嘆いているのだ。

夢に美女がでてくるのは、美女から想われている証しだというのが古典文学。

なら、半ちゃんにもいよいよ春が来るのか。

あっ、《夢の酒》の新妻の焼き餅は決して見当はずれではないということか。

（1）ヨン様…一九七二〜。韓国の俳優、ペ・ヨンジュンのこと。平成十五（二〇〇三）年NHKのBSで放送された「冬のソナタ」が人気となり、日本に韓流ブームを巻き起こした。

（2）淡島大明神　日本を創造した少彦名命（すくなひこなのみこと）と大己貴命（おほなむじのみこと）、息長足姫命（おきながたらしひめのみこと）が祀られた神社。総本社は和歌山にあり、全国に千の神社がある。

（3）フロイト…一八五六〜一九三九。オーストリアの精神分析学者。その研究はのちの精神医学の研究に大きな影響を与えている。

《夢の酒》

若旦那がうたた寝をして夢を見た。雨宿りをしていたら、そこの家の美女に呼び止められ酒をふるまわれたというのだ。それを聞いた若旦那の妻は怒り出し、義父に、夢の中の女に意見をしてくれと訴える。短い噺ながら小粋な一席。八代目桂文楽が得意にしていた。

《浮世床》

町内の若い者が集まる場所と言えば、お湯屋か床屋。床屋の二階に集まった若い者たちが、本を読んだり将棋をさしたり。寝ている半ちゃんが起きたかと思うと、女にもてた惚気話をはじめた。寄席などでもよく演じられる。

明治のお婆さん

《お婆さん三代姿》

正岡容(1)が脚本を書いて、五代目古今亭今輔(2)が演じた新作落語に《お婆さん三代姿》がある。

時代は明治。ご維新からは随分時の経ったころか。縁側に座っているお婆さんは時代の変貌を嘆く。

「徳川様の時代は風情があってよかったよ」

明治の文明開化は異人の真似だと言い、似合わぬ洋装や肉食に呆れ、隅田川を走る船でさえ、

「吹けよ川風、あがれよ簾、中のお客の顔見たや……、なんてね。屋根舟は粋だったよ。お前、それがなんだい、明治になってからは。ペンキで塗りたくった一銭蒸気(3)が、ボボボボボボ。殺風景な舟が行ったり来たり。いやだねぇ。風情も何もあったものじゃない」

へへへ。お婆さん、若いころ、屋根舟の中でなんかありましたか?

時代は移る。昭和三十年代前半のころか。縁側に座っているお婆さんは時代の変貌を嘆く。

なんでも洋風なのが気に入らない。歌謡曲が気に入らない。テレビよりも活動写真がよかった、世界中から憎まれる戦争(4)をした、物価が高い。

「私が娘のころは、五十銭もらって浅草行ったら、お芝居見て、活動見て、ご飯食べて、お土産買って、それでお釣がきたもんだよ」

へへへ。お婆さん、娘のころ、浅草でデート、いや、逢引でもしていたんでしょうか。いやいや、もしかしたら、戦争で恋しい人を失ったのかもしれない。

時代は移る。五十年後も、今の娘さんがきっとお婆さんになって……。

お婆さんたちの人生が、縁側の昔話、娘や孫たちへの愚痴から読み取れる。言いたいことを言ったお婆さんは、いつしか縁側で眠ってしまっている。昔の楽しい思い出を夢見ているのだろうか。

「昔がよかった、なんて言っちゃいけません。今がいちばんいいんです。明日はもっとよくしなければいけない」

皮肉な話だが、今輔は弟子やまわりの人間にいつも言っていたそうだ。

若いころ、今輔はあまり売れていなかった。売れていないということは、貧乏だった。辛酸も舐めた。落語界をなんとかよくしようと、八代目林家正蔵（はやしやしょうぞう）(5)と一緒に改革を行おうとしたりもしたが失敗した。

戦後、今輔はお婆さん落語で売れた。落語芸術協会(6)の会長にもなった。

そら、「昔はよかった」とは言えまい。

今輔のお婆さん落語のお婆さんたちは元気だ。

《留守番》《お説教お婆さん》（鈴木みちを・作）では、泥棒や暴漢をやっつけてしまう。

《おばあさんの縁談》（神津友好・作）は、ほのぼの系の一席。お婆さんだって縁談なんて話が飛び込んできたら、思わず頬を赤らめる。人間らしく生きるとはそういうことなのだろう。

「おじいさんは黙ってらっしゃい」

お婆さんは一喝する。

女は強いねえ。決して、おじいさんを怒鳴っているのではない。男はもうろくを感じたところで急に弱くなる。だから、女が強くないといけない。今まで自分を守ってくれた亭主を、今度は自分が守らないといけない。

四、五十年前に愛した男に対する想いは、形こそ変われど、心の中は変わりはないのだ。

時に、平成二十（二〇〇八）年五月には、六代目今輔[7]が誕生した。《僕の彼女はくの一(いち)》など、若者の恋模様を扱った新作落語も多く口演している。六代目が五十年後に、同世代に向けたどんな新作を語るのかも楽しみなところだ。

（1）正岡容…明治三十七（一九〇四）年〜昭和三十三（一九五八）年。作家、寄席芸能研究家。酒と女と寄席をこよなく愛した無頼作家として知られる。主な著書に『日本浪曲史』『寄席行燈』、小説『円朝』『寄席』『円太郎馬車』。浪曲「天保水滸伝」「灰神楽三太郎」、落語《お婆さん三代姿》《どじょう風流》など。

（2）五代目古今亭今輔…明治三十一（一八九八）年〜昭和五十一（一九七六）年。おばあさん落語で人気を博し、落語芸術協会会長となる。得意ネタ、《お婆さん三代姿》(作・正岡容)、《ラーメン屋》(作・有崎勉)など新作落語のほか、《江島屋騒動》《もう半分》《もうせん芝居》などの古典も手掛けた。

（3）一銭蒸気…隅田川を走る小型客船。最初、一区間の料金が一銭だったところから呼ばれたが、料金改定後も愛称はそのままだった。

（4）世界中から憎まれる戦争…第二次世界大戦のこと。

（5）八代目林家正蔵…明治二十八（一八九五）年〜昭和五十七（一九八二）年。落語家。昭和二十五（一九五〇）年八代目林家正蔵を襲名。怪談噺、人情噺、芝居噺を得意とした。稲荷町の長屋に住んでいたところから、「稲荷町の師匠」と呼ばれた。昭和五十六（一九八一）年正蔵の名を返上し、彦六を名乗った。頑固一徹なイメージから、没後もエピソードなどが高座で綴られ、今日でも伝説の落語家の一人として親しまれている。

（6）落語芸術協会…落語家や色物芸人らで組織する団体の一つ。昭和五（一九三〇）年、日本芸術協会として設立。昭和五十二（一九七七）年社団法人落語芸術協会となった。現在は、春風亭昇太が会長。

（7）六代目(古今亭)今輔…昭和四十五（一九七〇）年〜。古今亭寿輔に入門。古今亭錦之輔を名乗り、独自の新作落語で活動。平成二十（二〇〇八）年六代目今輔を襲名。主な作品《僕の彼女はくの一》《飽食の城》など。

《お婆さん三代姿》

作・正岡容、口演・五代目古今亭今輔のお婆さん落語。明治のお婆さんは江戸を、昭和のお婆さんは明治を懐かしむ。根底に正岡・作の戯作「江戸再来記」がある。

みつの方程式

《鮑のし》《熊の皮》

「おまんまが食いたい」
「おまんま、ないよ」
「炊いておくれよ」
「お米がないよ」
「買っておくれよ」
「おあしがないよ」

なんだろうね、この会話。
《鮑のし》の主人公、亭主の甚兵衛は人がいい。

「隅田川に鯨が泳いでいるよ」

と言われ本気にして、吾妻橋(1)から半日川を眺めて鯨があがって来るのを待っていた。だから、半日潰して、仕事に行かず、その日の収入がなく、冒頭の会話となる。

そんな甚兵衛が生活できるのは、女房みつのおかげである。

お米を買うための知恵を授けるのが女房、でも実行するのは亭主で失敗する、だったら女房が動けばいいいじゃないいか。

そこはそれ、対外的なところでは亭主を立てている。やはり一家の主人だから。

「お前さんが言ったって貸してくれやしないよ。私がって言ってごらん、貸してくれるから」

隣家からわずかの金を借りるのだって、亭主には貸してくれないけど「女房が」と言えば貸してくれる。というのは、近所中、この家は女房が主人というのを知っているのだ。

甚兵衛さんはただのパシリ。ようは、おみつは動きたくない。のほほーんと座って威張ってるだけ。いや、甚兵衛さんの収入が当てにならないから、針仕事の内職でもしているのかもしれない。

甚兵衛さんにパシリの悲哀なんかだしたら、この噺は面白くない。

女房に言われ、大家さんに言われ、通りすがりの友達に言われ、腹を減らしながら、あっちこっちを右往左往する、人のいい甚兵衛さんが面白いのだ。

甚兵衛さんほどではないが、江戸の亭主は、女房の尻の下に敷かれて小さくなっている男が多くいた。男性が結婚するのは並大抵のことではなかったという話は何度も記した。土下座して拝み倒して嫁に来てもらえば、女房が威張るのも当然かもしれない。

井戸端会議は女性のコミュニティのように思われているが、実は洗濯や食器洗いで井戸端に集まって来るのは男たちだった長屋もあったという。

それでも社会的信用を得て、しかるべき仲人に紹介してもらって結婚する者は多い。そういう男は、腕のいい職人だったり、信用のある商人だったり、そこそこの収入もあるから、女房だって亭主を立てる。

《熊の皮》の甚兵衛さんも女房の尻の下に敷かれている。一生懸命働いて腹を減らして帰って来る。近所から祝いの赤飯をもらっているのに、飯はおあずけ。家事を命じられ、赤飯をもらった礼を言いに行かされる。で、相手の家には熊の皮の敷物があって、そこに座っているうちに女房を思い出し……、そのあとはいいでしょう。俗にいう艶笑噺というジャンルの落語。結局、男女の力関係っていうのは、夜の力関係に比例するってことか。

それにしても、「亭主を尻の下に敷く」っていうのは凄い表現だね。亭主が「座布団代わり」だ。座布団になりたい？　田山花袋（たやまかたい）[2]だ。カカア天下は自然主義ということか。

（1）吾妻橋…隅田川に架かる橋。浅草と本所を結んでいる。《文七元結》など落語にもよく登場する。最近では、本所側のビール会社のオブジェが印象的なロケーション。

（2）田山花袋…明治四（一八七二）年～昭和五（一九三〇）年。作家。自然主義文学で活躍。代表作『蒲団』『田舎教師』など。

《鮑のし》

甚兵衛は人がよくボーッとした人間。対して女房のおみつはしっかり者。腹を減らして帰って来る甚兵衛に、おみつはご飯を食べる秘策を授ける。女性上位夫婦のほのぼの感あふれる爆笑落語。

《熊の皮》

女房の尻に敷かれている甚兵衛。近所の医者から、赤飯をもらい、その礼に行けとまた女房に命令され、しぶしぶでかけると、そこには立派な熊の敷物がある。艶笑噺なのだが、現在ではほのぼのした女性上位夫婦の噺として演じられることが多い。

嫉妬に燃えた三人の男

《不動坊》

「悋気は女の慎むところ」


悋気とは、嫉妬、焼き餅のこと。

落語では、悋気は女性のもののようにいわれているが、はたしてそうだろうか。

男の嫉妬、焼き餅だって勿論ある。

会社で自分より出世している奴には当然嫉妬もするだろう。

色事でいえば、美女を連れて歩いている奴がいれば、決して面白くないはずだ。

ただ、男はそれを顔に出さない。出さないようにしている。陰でグチグチ言うかもしれないが、表だってはニコニコ振舞う。

「あなたは実力があるから出世が早い」「素敵な女性を連れて。隅におけませんねえ」間違っても、「ゴマ摺りのうまい野郎は出世が早い」「その女にいくら使ったんだ」なんてことは言わない。言ったら、カッコ悪いからだ。

では、落語の登場人物はどうか。

大家は長屋で小金を貯めている独り者の吉五郎のところへ、たきを嫁がせて借金をなんとかしようと話を持ってゆく。

不動坊火焔（ふどうぼうかえん）という講釈師(1)が借金を残して死んだので、女房のたきが困っていた。

吉五郎は真面目だけが取り得の三十代半ば。はたして、そんな男が借金付きの未亡人を嫁にもらうのか。

江戸は男女の人口比で男性が圧倒的に多かった。妻帯できない男性も多い。事実、吉五郎も三十代半ばで独身。縁談相手は同じ長屋の女だ、と言われ、

「待ってくださいよ、この長屋で独り者の女といえば、糊屋の婆さんだけですよ。糊屋の婆さん七十五歳だよ。いくら、あっしでも糊屋の婆さんをカカアにする気は

ございません」

女性の独身者はほとんどいないんだ。

で、相手が糊屋の婆さんじゃない、不動坊火焔の女房たき、と聞いた吉五郎は大喜びする。

実は吉五郎はたきに岡惚(おかぼ)れしていたのだ。

借金の件も、吉五郎は引き受ける。これで万事解決のはずだが。

実はたきに岡惚れしていたのは吉五郎だけじゃなかった。

鍛冶屋の鉄、ちんどん屋の万、すきがえし屋(2)の徳、この三人もたきに惚れていた。

特にすきがえし屋の徳は、不動坊火焔が旅に行っている間に、たきの家へ入り浸り、隙を見てたきの手を握ろうとして物差でひっぱたかれるのを喜びとしていたのだ。

たきが吉五郎の嫁になると聞いて怒った三人は、幽霊騒動を起こして吉五郎をやっつけようと考える。

嫉妬に燃えた男が三人もでてきた。

もともと他人の女房への勝手な恋心だ。その女房の亭主が死んで、他の男の嫁になる。

新しい亭主への嫉妬って、随分間抜けな話だ。いや、昨日まで吉五郎は岡惚れ仲間の同じ身分だった。それが亭主に昇格した。うーん、正当な焼き餅か。

「あの野郎、許せねえ」

カッコ悪さ丸出しにしてぶつける男の本音。しかも一人じゃできない。皆、弱いんだ。だから、三人つるんでる。

あーっ、カッコ悪い。しかも幽霊騒動はドジ踏んで失敗する。でも、こんな三人がとても好きになる。それが落語なんだ。

（1）講釈師…講談を演じる芸人。江戸時代は、天下の御記録読みなどと称し、威張ってもいた。
（2）すきがえし屋…紙のリサイクル業。

《**不動坊**》

講釈師の不動坊火焔が借金を残して死に、残された女房のおたきは大家さんのすすめで吉五郎のもとへ借金ともども嫁に行く。おたきに岡惚れしていた吉五郎は大喜び。吉五郎同様おたきに岡惚れしていた、鍛冶屋の鉄、ちんどん屋の万、すきがえし屋の徳の三人は、幽霊騒動を起こして吉五郎を驚かせてやろうとたくらむ。男の嫉妬がテーマのネタ。

お江戸こぼればなし　拾参――禁断の恋の楽しみ

異界との恋

　江戸時代は暗かった。電気のない時代の夜には、街中でも深（しん）の闇が存在したのだ。そして闇の中には異界が存在した。異界が近くにあるのなら、異界の者と恋に堕ちる者もいる。

　《牡丹燈籠》の萩原新三郎や、《反魂香》の島田重三郎は、死んだ恋人（妻）と逢瀬を重ねた。これらはもともと好きだった女性が異界から訪ねて来る話だが、まったくの日常の世界にいる人間が異界に踏み込んでしまう場合もある。

　《安兵衛狐》の源兵衛は幽霊を、安兵衛は狐を嫁にする。

　《水神》の杢兵衛は鳥の精を女房にし、《茄子娘》の若い住職は茄子の精と同衾してしまう。

　「早く菜（さい）になれ」と育てていた茄子が、「妻（さい）になれ」と言われていたものと勘違いして住職の寝間を訪ねるのは夏の夜のことだ。茄子の精だから紫の着物でも着てるんだろう。深の闇の中で紫は見えない。しかし、紫の着物を脱いだら白い肌。仏に仕える身とはいえ木石ならぬ男性だ。勘違いとはいえ、「妻になれ」と言われて訪ねて来た女性を帰せはしまい。

　深の闇はすぐ側にある異界を隠した。しかし、異界は現世と繋がっていた。人を恋してしまうアヤカシも存在したのである。

お江戸こぼればなし　拾肆——お江戸の恋は花盛り

ふられ男が行く

世の中には、女性にもてる男もいれば、まったくもてない男もいる。

もてない男の代表はといえば、しみったれか。いや、しみったれは銭をたんまり貯め込んでいる。いざとなった時、ものを言うのは金だ。

やはり、もてないといえば、情けない男だろう。その極めつけといえば、上方の《くしゃみ講釈》にでてくる男だ。何せ、女の子と逢引の最中、たまたま通りあわせた講釈師が犬糞（けんふん＝犬のウンコのこと）を踏んづけ、雪駄の裏にニンヤリついた犬糞を顔にこすりつけられたというのだ。悲鳴を上げたら、女の子も講釈師も逃げてしまい、あとに残るは男と犬糞の二人連れ。

「あんなものをこすりつけられる男では、先行きろくなことにならない」と女の子は言い、男はふられてしまうのである。犬糞を顔にこすりつけられるような情けない男では将来が不安。結局、女性にとって大事なのは燃えるような恋よりも将来の安定なのかもしれない。

もっとも犬糞野郎とじゃ、恋も燃え上がりはしないだろう。もし燃え上がったら、焼け糞だ。

閻魔大王

《［新内］名物乳母ヶ餅》

人間は死んだらどうなるのだろうか。

キリスト教(1)なら神に召される。仏教(2)なら六道輪廻(3)。丹波(4)さんなら死後の世界。

現実主義者は無に帰す、とか。

霊魂となってこの世に留まるなんていうのもある。

でも幽霊は美女と決まっているよね。

ある醜女が幽霊になりたいと言ったら却下された。可哀想に思った地獄の役人がアドバイスする。


「化け物を願いでよ」

娑婆[5]と違って地獄の役人は融通が利くのである。

いや、いろいろ言われているが、ホントのところを言えば、死んだら極楽か地獄へ行くのだ。

その前に、三途の川[6]を渡って地獄の入り口、閻魔の庁へ行く。ここで裁判を受ける。裁判官は閻魔大王で、見る目嗅ぐ鼻なんていう調査員が脇に控えている。で、閻魔大王が浄玻璃（じょうはり）の鏡で亡者、つまり死んだ人間の歩んできた人生を映しだして判決を下す。善行の人生であれば極楽へ、悪行の人生だと地獄へ落とされる。現世の善行悪行が死んでから裁かれる、そうでも言って脅しておかないと、人は平気で悪行の人生を送ってしまうからだ。

地獄でいろいろ苦しい思いをするが、地獄にも救済処置がさまざまある。ときどき蜘蛛の糸が降りて来たりする。昔の人は肝要だった。

さて、この閻魔大王の裁判であるが、すべからく公正かというと、そうともいえない。「地獄の沙汰も金次第」という諺がある。

沙汰とは裁判の判決。つまり、地獄行きか極楽行きかが、金で左右されることもあるということだ。どうも閻魔大王は賄賂が好きらしい。閻魔大王まで拝金主義とは。お前が地獄に落ちろ、だ。

いや、決して閻魔大王は拝金主義なんかじゃない。地獄っていうところはなかなか経営が苦しいのだ。

世の中、たしかに悪い奴はいるが、地獄に堕ちるほどの悪い奴はそうはいない。また、念仏宗が流行して、誰でも念仏を唱えたら極楽に行けちゃうようになった。これじゃ、地獄はさびれるばかりである。亡者を乗せる火の車があるくらいで、その火の車の回転にも拍車がかかる。

《名物姥ヶ餅》という新内がある。これは落語にしたいような話だ。

不景気になった地獄では、

「火の車には蜘蛛が巣を張る、剣の山には草が生える、血の池は旱魃(かんばつ)で……」

鬼たちも困窮し、人形屋で看板のアルバイトしたり、虎の皮の褌が破れても新しいのが買えないから狸の皮で代用したり。

閻魔大王、そんな地獄にいたたまれずに、とうとう失踪しちゃった。

三途の河原の婆さんが近江草津[7]の餅屋でアルバイトをしている。三途の河原の婆さんは閻魔大王の乳母。閻魔大王を探しに来たのだけど、

「年に似合わぬ赤い前垂れ」

で頑張る。そして、とうとう出奔して馬方に落ちぶれた閻魔大王に再会する。

餅をふるまう乳母の前では閻魔大王も赤ん坊に戻って甘えてしまう。強いとか怖いとか、そういう男性ほど女性には甘えたいものなのか。閻魔大王、マザコンだったっていう話。

ちなみに、近江草津の姥ヶ餅は名物で、「鉄道唱歌」[8]にも歌われているそうな。

（1）キリスト教…イエス・キリストの人格と教訓をよりどころとする宗教。パレスチナに起こり、ローマ帝国の国教となった。現在では、欧米を中心に世界各国で信仰されている。

（2）仏教…紀元前五世紀、インドで釈迦の説いた宗教。東アジアを中心に世界各国で信仰されている。

（3）六道輪廻…地獄、餓鬼、畜生、修羅、人間、天上の六道を生まれ変わり死に変わり迷い続けること。

（4）丹波（哲郎）…俳優。大正十一（一九二二）年〜平成十八（二〇〇六）年。晩年、霊界宣伝マンとして死後の世界の素晴らしさを説いた。「007は二度死ぬ」のタイガー田中役で国際スターとして認められ、テレビドラマ「三匹の侍」「Gメン75」などでお茶の間でも人気。

（5）娑婆…人間界、俗界をいう。

（6）三途の川…人が死後の旅路で越える川。

（7）近江草津…滋賀県の町。東海道と中山道の分岐点で、宿場町として栄えた。

（8）鉄道唱歌…明治三十三（一九〇〇）年に第一集が発表。三百三十四番からなる。大和田建樹・作歌。独特のメロディで、現在は品川駅などJRの駅の発車のチャイムなどでも用いられている。

《［新内］名物乳母ヶ餅》

チャリものの（滑稽）新内。地獄の閻魔大王がマザコンという、江戸の人の発想が面白い。

火の玉騒動

《悋気(りんき)の火(ひ)の玉(たま)》

根岸のご妾宅のほうから一つの陰火(いんか)がパッとあがったかと思うと、これがフワフワフワ。

花川戸(1)に店を構える商家の主人が、根岸に妾を囲った。本妻と妾が張り合って、何をやったかといったら、五寸釘の打ち合い。つまらない話があったもんで、お互いがお互いを呪い殺して、間に入って旦那は弔いを二件出す羽目に。

ことはそれで終わらなかった。根岸と花川戸で陰火、つまり火の玉だ。これが毎夜毎夜上がって、根岸と花川戸の中間点、大音寺(2)前でぶつかり合うという。死んでからも女の戦いは続いてるってわけだ。

旦那は和尚を連れて、二人の霊を慰めに行く。

妾の霊はなんとか治まった。今度は、

「ご本宅のほうから一つの陰火がパッとあがったかと思うと、これはフワフワなんて生やさしいもんじゃございません。ゴーッと唸りを生じて、……」

女の嫉妬は怖い。

本妻にしてみれば、それまでは結構幸福にやっていたんだろう。妾という侵入者。多分、元は遊女か芸者だった女だ。巧みな手練、甘い言葉。旦那はご妾宅にいたほうが面白い。

いままで尽くしてきたのはなんなのよ、てなことになる。

怒りのベクトルがどっちに向くか。

現代の女性は夫のほうに向くのが多いかもしれない。

しかし、嫉妬の怒りはやはり妾のほうにゆく。

自分に持っていない手練、美貌、若さ。どうにもならない。だから嫉妬が怒りに転化し、

「五寸釘買っておいで」

となる。

一方、ご妾宅でもそれは同じだ。本妻の地位、今まで築いた歴史、なんのかんのいっても自分の位置はナンバー2だという。これも、どうにもならない。本妻への嫉妬が怒りに転じる。

「本宅では五寸釘？　旦那の機嫌もとれない女がなんだっていうんだよ。六寸釘買っておいで」

「六寸釘？　生意気な女だね。七寸釘買っておいで」

「七寸釘だって？　冗談じゃない。じゃ、うちは八寸釘」

揚句は火の玉騒動にまでなる。こんな争いを見なきゃならないのは、妾なんか囲うか

らだ。

なんで妾なんか囲うんだ？

武家なら跡取りを作らねばならない。男子を産まねばならない。家系をつなぐことが武家の使命だ。だから側室を持って、頑張らねばならない。

商家は家系を継ぐ必要はない。商売を引き継ぎ、財産を守ればいい。だから、息子に跡を継がせる必要はない。息子に商才がなければ、跡継ぎにする必要はない。息子にはいくらかの金を与えて別の商売をさせたり、若隠居させる、なんていうのもあった。娘がいれば婿をとったり、他に子供がいなくても、親戚から商才のある者を養子に迎えてもよかった。

つまり商家の主人が妾なんか囲う必要はない。この主人はスケベなだけだ。しかも算盤をはじいた。遊女や芸妓と遊ぶより、家一軒借りて妾を囲ったほうが安くつく。

スケベでケチ。だから、妾を囲った。そして、つまらない女の戦いに巻き込まれて馬鹿を見たというわけだ。

（1）花川戸…浅草の隅田川沿い地域の地名。
（2）大音寺…浅草、吉原の近くにある寺。

《悋気の火の玉》

花川戸の商家の主人が根岸に妾を囲った。本妻と妾が五寸釘の打ち合いをし、とうとう二人とも死んでしまう。しかも二人の火の玉が夜毎に現われ、花川戸と根岸の中間の大音寺の前で激しくぶつかりあう。悋気をテーマにした地噺。

もよと大勢の番頭

《引越(ひっこ)しの夢(ゆめ)》

商家の恋について。

大きな商家には大勢の奉公人、つまり従業員がいる。そして彼らのほとんどは商家に住み込んで共同生活を送っている。商家には、番頭、手代(てだい)、丁稚(でっち)と身分がある。丁稚は十歳前後の子供で、雑用をやりながら商売を覚える。

五～十年で手代となり、実際に商売にたずさわる。着ているものも前掛け姿の丁稚から、木綿ものだが普通の着物の着用を許される。番頭と呼ばれる決裁者のアシスタントだが、一応一人前と世間からも認められる。

さらに数年を経て番頭となる。商売の決裁権も任せられる。店の中間管理職だ。番頭を何年か経験すると、店から独立し、所帯を持つなどという者もいたりする。暖簾をわけてもらい、経営者となるものもいれば、別の家から通いながら一生その店の番頭として勤める者もいる。大きな店の一番番頭ともなると、企業の部長課長なんかよりも権力がある。店の主人、経営陣から経営を任された雇われ社長くらいの力はあった。

十代前半の丁稚はともかく。十代後半の手代や、二十代の番頭、いずれも若い男性ばかりが共同生活を送っているのだから、彼らの恋愛はどのようなものだったのだろうか。店には、奥向き（店の経営者一家）の雑用をする女中たちが数人いるくらいだ。

彼女たちもやはり、同じ屋根の下で寝起きをしている。あとはもう言わずもがな。数人の女中に対し、大勢の番頭、手代。当然、女性の争奪戦がはじまる。

《引越しの夢》は、そんな大店に、おもよという美人の女中がやって来た。

「お向かいの松どん、今日はうちの店ね、早仕舞いしますよ」

「えーっ、いいなぁ。定どん、なんで早仕舞いなんですか」

「今日美人の女中さんが来たからね、番頭さんが夜這いに行くんですよ」

子供といえど商家の丁稚はなんでも知ってる。

夜這いとは、夜中に褌一丁で四つん這いになって女性の部屋へ忍んで行くこと。いや、まっとうな求愛行為ですよ。でも、その姿を想像するとね、やはり滑稽感はありますな。で、うまくいけばいいです。女性がＯＫなら、褌はずせばそれでいいんですからね。ＮＯの場合、そのままの格好でトボトボ帰ってゆく。情けないねえ。

おもよを狙っているのは一人じゃない。つまりこの夜は、集団夜這いが行われる。いや、商家の主人だって、そんなフシダラなことは許しません。おもよを中二階の部屋に寝かせ、梯子をはずし、扉には鍵をかけるよう指導する。

それでも勇気ある、というか、チャレンジャー、いや、ただのスケベな男たちは、他の者が寝静まったすきに出かけて行く。

結果はどうなるのか。二人の男は褌一丁で戸棚を担ぎ、もう一人の男は井戸に転落する。こうなると夜這いも命懸けだ。

こんなのは現代社会でもあること。会社の美人ＯＬを巡って、男たちが争奪戦、実はＯＬは妻子ある部長と不倫関係で、結局、男たちの一人と部長の仲人で結婚、めでたしめでたし、とかね。

いや、現代だったら、むしろ女性がイケメン男性を巡って争奪戦する時代か。

《引越しの夢》

美人の女中がやって来た大店、年頃の番頭や手代がその晩に夜這いをしようと狙っている。吊戸棚にぶるさがって女中の寝ている中二階へ昇ろうとした番頭、しかし吊戸棚の紐が腐っていて切れ、夜中に褌一丁で吊戸棚を担ぐことに。大店の夜這い騒動を描いた滑稽噺。演じる人も多い。

センベエで二万石潰す

《御家安とその妹》

傾城とは花魁の別称であるが、本来の意味はまさしく、城（国）を傾ける女。君主がその色香に迷い国を傾けてしまう女のことだ。

いったい、国を傾けた女というのは、歴史上何人くらいいたのだろうか。ずいぶんいたろう。何せ為政者は皆、スケベだから。

いちばん古いところでは、紀元前千年の中国。殷王朝(1)の最後の皇帝、紂王(2)が妲己(3)という美女に迷った。妲己のために酒の池を作り、木々に肉をぶらさげ、狂宴の日々を送った。これが「酒池肉林」(4)の語源だ。

妲己が欲しいというから、はるばる天竺(5)から象牙の箸を取り寄せた。国は滅んだ。しかし、妲己が象牙の箸をねだったから、中国と天竺の間に道を作った。

その道を商人が通り交易が行われるようになった。

傾城がすべからく悪い、というものでもないかもしれない。

傾城には、ただただ、おねだりを繰り返して国を傾けちゃう女性もいれば、実際に政治に口を出してメチャクチャにしちゃう女性もいる。政治に口を出すとは、人事である。一族の者を要職につけるよう、王様に寝物語。

唐の玄宗（げんそう）皇帝(6)の愛妾、楊貴妃（ようきひ）(7)がこれをやった。腐敗政治はこうして起こる。結果、安禄山（あんろくざん）の反乱(8)で都を追われた玄宗は自らの手で、楊貴妃と楊一族を粛清するが、時遅し。長安(9)に戻った玄宗は退位し、失意のうちに亡くなる。国は弱体化したが、かろうじて滅亡はまぬがれた。傾くくらいでなんとかとどまった。唐に底力ありか。

また、呉（春秋時代）の西施（せいし）(10)は、敵国の越よりつかわされた女性であり、西施の色香で呉王夫差（ふさ）(11)は骨抜きにされて呉は滅んだ。まさに傾城核弾頭だ。

落語にも傾城がでてくるネタがある。

時は幕末。河内に二万石の知行を持つ大名、東条家。

当主の左近太夫氏勝は他家から養子に来たのだが、文武両道に優れた名君。治世もよく民からも慕われていた。氏勝が国入りの時、陣笠[12]を風に飛ばされ、拾った女がいた。これがいい女。女は名も告げずに去るが、お殿様はこの女に一目惚れしちゃった。早速、家来に女を探させると、すぐに見付かる。藤江というこの女は、今は大坂で舞の師匠をしているが、元は御家人の娘。兄の安次郎が放蕩で家を潰した。氏勝は安次郎に手切れ金を渡し、藤江を妾に迎える。

《御家安とその妹》という題の御家安は、御家人の安次郎からきている。本題は「鶴殺疾刃包丁」といい、明治二十（一八八七）年、三遊亭圓朝口演の速記として、やまと新聞[13]に連載されたが、実は圓朝・作でなく、やまと新聞主幹の条野採菊が圓朝の口調を真似て書いたという説もある。

ストーリーはいたって単純。藤江の色香に迷った氏勝がナメクジが塩をかけられたごとくにデレデレになって起こるお家騒動話と、兄の安次郎の悪事が錯綜する。悪事ったって、泥棒程度のことなんだけど。

一方の藤江にしても、急に夜中にセンベエが食べたいと言いだし、家来に買いに行かせたり。家来がなかなか帰って来ないと、「もうセンベエはいりません」。それじゃ、ただのワガママな女だ。

そんなことを繰り返していたら、国が潰れそうになった。二万石の傾城なんてそんなものか。妲己や楊貴妃とはレベルが違う。この噺、五代目古今亭志ん生がやったくらいで誰もやってなかったのを、平成十九(二〇〇七)年に、むかし家今松(14)が演じた。

(1)殷王朝…紀元前一六〇〇～一〇四六の中国の王朝。商氏による三十代の皇帝がいた。

(2)紂王…紀元前十一世紀の中国の王朝、殷(商)の三十代皇帝。文武に優れた名君だったが、妲己という女に迷い国を滅ぼした。

(3)妲己…紀元前十一世紀の中国にいた女性。殷の紂王の愛妾となり、国を滅ぼした。「封神演義」では九尾狐がホンモノの妲己を殺害し、魂を奪ってなりすましたとしている。

(4)酒池肉林…度が過ぎた享楽の例えとして用いられる。

(5)天竺…インドのこと。

(6)玄宗皇帝…六八五～七六二。中国の唐、六代皇帝。唐の絶頂期の皇帝となるが、楊貴妃の色香に迷い、安史の乱を起こし四川へ逃れる。のちに長安に戻ったが譲位し軟禁状態の晩年を送った。

(7)楊貴妃…七一九～七五六。中国、唐の玄宗皇帝の愛妾。絶世の美女であったため玄宗を惑わし、安史の乱で四川へ落ち、玄宗の手で殺される。

(8)安禄山の反乱…七五六年、節度使の安禄山と部下の史思明が唐に起こした反乱。

(9)長安…中国、唐の都。

（10）西施…紀元前五世紀の中国にいた女性。越王の命令で呉王夫差の愛妾となり呉国を弱体化させ、越王は呉を滅ぼした。
（11）呉王夫差…紀元前五世紀、春秋時代、呉の七代目の王。越に滅ぼされる。
（12）陣笠…戦国時代は雑兵が兜の代わりにかぶった鉄製の笠。江戸時代は、木製、漆製で、将が出陣のおりにかぶった。
（13）やまと新聞…明治十九（一八八六）年〜昭和二十（一九四五）年に刊行されていた日刊新聞。主に花柳界、芸能界の記事が多かった。
（14）むかし家今松…昭和二十（一九四五）年〜。十代目金原亭馬生に入門。その薫陶を受けた落語は魅力的。近年、《江島屋騒動》《大坂屋花鳥》《御家安とその妹》などの人情噺も手がけている。

《御家安とその妹》

河内に二万石の領地を持つ東条左近太夫氏勝は名君であったが、藤江という女に迷いお家騒動になる。一方、藤江の兄、御家人くずれの安五郎はさまざまな悪事に手を染める。三遊亭圓朝の作といわれているが、圓朝は口演していない。五代目古今亭志ん生が一度演じたくらい。最近、志ん生の孫弟子に当たるむかし家今松が演じた。

すぎの騙しと騙され

《文違い(ふみちがい)》

男と女。恋し恋され、騙し騙される。

そこでいろいろなドラマが生まれる。小説だったり演劇だったり。落語もしかり。

《文違い》という落語。新宿(1)におすぎという女がいた。

二十両の金がいるので、客の角蔵と半七から見事に金を巻き上げる。

田舎者の角蔵には高飛車に、常に高圧的にふるまう。だって、

「年季が明けたらヒーフ(夫婦)になろうちゅう間柄」

亭主に遠慮はいるものか。だから、角蔵が十五両持ってると聞けば、

「おだしよ」

それじゃ山賊だよ。

次は半七だ。どうしてもあと五両いるから、

「あんな奴（角蔵のこと）に気休めの一つも言って、お前さんの懐を助けたいと思うから、私だっていろいろ心配しているんじゃないか。見捨てないでおくれよ」

ホントに好きなのはお前さんだよ。と言いつつ、残りの五両を出させる手練。

おすぎの手練もだが、これを聞かせる六代目三遊亭圓生（さんゆうていえんしょう）は凄かった。

ちなみに、《文違い》という噺はいろいろな演者がやっているが、圓生のおすぎ、志ん生（しんしょう）の半七、可楽（からく）の角蔵、馬生（ばしょう）の芳次郎と、それぞれのはまり役がある。

で、おすぎ。おだてる、ねだる、すねる、泣く、怒る、しなだれかかる。半七は色男のつもりだから。女のすべてが惚れている仕草に見える。馬鹿だねえ。

おすぎはどうして二十両の金がいるのか。

「芳さん、すまなかったね、待たせて」

待たせている男がいた。芳次郎は目を病んで、高い薬がいる。薬代の二十両をおすぎは用立てた。

「すまねえ。年季のお前に無理言って申し訳ねえ。なにしろ二十両って金がなけりゃ真珠っていう薬をつけることができねえ。他にどうにも何はねえんでお前に頼んだが、おかげで俺は目が助かる。ありがとう。これもみんな、お前のおかげだ」

「何を言ってるんだねえ、この人は。およしよ。そんな夫婦の仲で、お前さん、女房に礼なんぞ言って、おかしいじゃないの」

おやおや。展開が似ている。ねえ。

おすぎも見事に芳次郎に騙されていた。

芳次郎はおすぎに貢がせた金を吉原の女に貢いでいる。芳次郎の忘れていった手紙でおすぎは真実を知ってしまう。そして、半七もまた、おすぎが芳次郎からもらった手紙を見てしまう。

女郎は客を騙すもの、わかっていても自分が間夫だと思っていた半七の驚きったらない。ホントの間夫は別にいた、しかも自分が用立てた金がそのまま別の男のところへ。悔しいし、こんな恥ずかしいことはないね。

一方のおすぎも、この男と思った芳次郎の裏切りにあう。自分が作った金が、そのまま別の女のところへ行く。

おすぎは芳次郎に怒り、半七はおすぎに怒る。

女郎屋というのは恋愛ゲームの場所。騙されに行くところと言ってしまえばそれまで。でも自分だけは間夫だと思って通うところでもある。

誰がいちばん幸福かといえば、真実を知らない角蔵が幸福だというのがこの落語の落ち。まあ、騙されているんだけど。

（1）新宿…甲州街道最初の宿場町。

《文違い》

新宿の遊女、おすぎは客の角蔵と半七から手練で二十両の金を巻き上げる。おすぎはその金を、間夫の芳次郎に渡していた。芳次郎は目を患っていて金はその治療のためだと言うが真っ赤な嘘。芳次郎は芳次郎で金を別の女に貢いでいたのだ。遊女の手練の見事さ、しかし、その遊女が色男に手玉に取られる。まさに女と男の永遠の戦い模様。圓生、志ん生、馬生、可楽それぞれ面白い。

お江戸こぼればなし　拾伍——お江戸の恋は花盛り

男のスケベと妄想

女風呂をのぞいてみたい、と思わない男性はいない。「そんなことはない」という男がいたら、そやつは正義感が強いのではなく、嘘つきである。しかし、たいていの男性はのぞかない。法律、モラル、世間体、のぞいたあとの空しさ、まぁ、そんなような理由で、涙を飲んで諦めるのだが、合法的にのぞけるとあればこんなに嬉しいことはない。

そんな全男性の願望をになった落語が《湯屋番》だ。若旦那がお湯屋、つまり銭湯に奉公し、憧れの番台に座るのだ。

落語を作った人は偉いね。非合法な男の憧れをいとも簡単にやってのける状況を作る。微妙なところで男のスケベ心をくすぐるのである。

ところが、女湯は誰も入っておらず男湯が混んでいるという、世の中そうはうまくゆかないという見事な展開だ。

さらにはこの若旦那という主人公が、並みのスケベを通り越したお気楽男で、今度は女湯の常連の美女に見初められるという妄想にふける。スケベ心だけではない。恋し恋されたいと思う心は強いのだ。たとえ相手がいなくても。

お江戸こぼればなし　拾陸

恋と笑い

——お江戸の恋は花盛り

恋愛は笑いになりやすい。恋愛の当事者は熱く燃え上がって、思い込みで突っ走るからだ。そういう姿を客観的に見ているのは面白い。勘違い、すれ違い、迷い、あせり、欲望、好奇心、嫉妬など、いろいろな感情から起こるドラマが渦巻く。

その恋が失恋に終われば、お馬鹿な主人公の情けない姿に腹を抱えて笑う。ハッピーエンドなら、その前の紆余曲折が大きいほど、主人公たちの幸福に胸をなでおろす。そこには共感の幸福な笑いが残るのだ。

しかし、不思議なことに、落語には恋愛を扱ったネタが意外と少ない。《紺屋高尾》などをのぞけば、廓噺の大半はあくまでも擬似恋愛。表だっての男女の恋愛は、たとえ庶民でも「不義」となる。

一方で、衆道と間男の噺は多い。武士社会ゆえ衆道が否定されていなかったが、武士や僧侶といった地位のある人物が衆道に狂って失敗する噺を、案外庶民は笑っていたのだ。

間男は、見つかって右往左往する男、寝取られた亭主の間抜けぶり、間に入って開き直る女房、三者三様のおかし味があるのだろう。ホントは修羅場なんだろうが、他人事なら笑えるのである。

お江戸こぼればなし　拾漆

江戸は恋の街

――お江戸の恋は花盛り

　厳しい身分制度や、儒教の思想から、恋することが常識から逸脱した行為とされた江戸時代だが、恋する気持ちがない者なんているものか。ある者は吉原で擬似恋愛を楽しみ、ある者は切ない恋心を胸に秘めたまだったり、衆道に走る者もいたろう。泣く泣く嫁いでから間男三昧の奥方もいた。庶民同士なら「うん出刃」(102ページ参照)で口説くのもあり。

　中には大店の若旦那で恋煩いなんていう手を用いたり。これは《崇徳院》という落語。若旦那が清水観音で会ったお嬢様に一目惚れして恋煩い。この恋叶わねば命がない、となれば親はこの恋を許さぬどころではない。出入りの職人に、高額賞金付きでお嬢様探しを命じる。そしたらなんと、相手のお嬢様も若旦那に恋煩い。落語はホントよくできている。

　もともと日本人は「恋する民族」。神社にはセックスシンボルだってあるし、平安時代の和歌の大半は恋を詠み、『源氏物語』や『伊勢物語』が愛読された。

　江戸時代は二百六十年の平和が続いた。平和な時にすることといったら、芸術か恋しかあるまい。浄瑠璃、俳句、川柳、読本、浮世絵、落語が生まれ、そして人々は恋に燃えた時代でもあった。

あとがき

『恋する落語』って本を出した時に、何人かの方から、「江戸時代と現代では、《恋》っていう言葉の意味が違う」と言われた。へー、そうなんだ。そら、言葉の意味の違いであって、《恋》だの《愛》だのというモノは、普遍なんじゃないの。それに、これは落語の話だ。落語っていうのは、江戸時代から、明治、大正、昭和三十年代くらいのね、そういう時代背景の庶民の生活の中から生まれる、なんつうの、人の営みのおかしさ、みたいなのを語るもの。あと、現代や未来に時代を移した新作落語だってあるのが落語だ。

だから、江戸時代の人が感じた、男女の、あるいは、男と男でも、女と女でも（今はこういうことわりを入れなきゃいけない）、普遍な心の営みを、現代風に《恋》って表現してもいいんだよ。

江戸時代は基本、結婚は家同士で決めた。ごく庶民でも、年頃で一人前の男がいたら、大家さんとか親方とか、そういう人が嫁を紹介してくれた。落語の「たらちね」みたいな話がごく普通で、時には「不動坊」みたいに相手が後家だったりもした。まれにね、「粗忽の釘」みたいな、「仲人なしのくっつきあい」っていうのがいたよ。「《恋》っていう言葉の意味が違う」って言った人は、落語の世界は「《恋》でなく《くっつきあい》が正しい表現」と言いたかったのかね。

実らぬ《恋》だってあるよ。井原西鶴や近松門左衛門の世界。「金が敵」だったり、「身分違い」だったり、不倫だったり。あっ、不倫も現代語か。面倒臭いなぁ。文学や演劇だから。障害があったほうが《恋》は激しい。で、心中とか、捕まって処刑されたり（不倫じゃないね、不義密通は犯罪）して死ぬと、賞賛された。憧れだった。

そうなんだよ。《恋》は賞賛されるんだ。死んじゃ駄目だけれど、それは文学や演劇の世界で、死なずに謳歌、不倫もバレないように（言い過ぎ）、くっつきあい最高、でゆこうじゃないか。

本書は二〇〇六年に刊行した『食べる落語』、そのあとの「恋する落語』『はたらく落語』のシリーズ。〇八年刊行の『恋する落語』を加筆修正した。刊行にあたり、教育評論社、久保木さんにご尽力を賜った。ありがとうございます。

令和二年七月

稲田和浩

稲田 和浩［いなだ かずひろ］
1960年東京出身。作家、脚本家、日本脚本家連盟演芸部副部長、文京学院大学講師(芸術学)。落語、講談、浪曲などの脚本、喜劇の脚本・演出、新内、長唄、琵琶などの作詞、小説などを手掛ける。
主な著書に『落語からわかる江戸の食』『落語からわかる江戸の死』『はたらく落語』(教育評論社)、『浪曲論』(彩流社)、『にっぽん芸能史』(映人社)、『落語に学ぶ大人の極意』『水滸伝に学ぶ組織のオキテ』(平凡社新書)、『そんな夢をあともう少し―千住のおひろ花便り』(祥伝社文庫)など。

いろは落語づくし 参
落語からわかる江戸の恋

2020年11月22日　初版第1刷発行

著　者　稲田和浩
発行者　阿部黄瀬
発行所　株式会社 教育評論社
〒103-0001
東京都中央区日本橋小伝馬町 1-5 PMO日本橋江戸通
TEL 03-3664-5851
FAX 03-3664-5816
http://www.kyohyo.co.jp
印刷製本　萩原印刷株式会社

ISBN 978-4-86624-032-9　C0076